O CAIBALION

OS TRÊS INICIADOS

O CAIBALION

Estudo da Filosofia Hermética do Antigo Egito e da Grécia

Tradução
Rosabis Camaysar

**Editora
Pensamento**
SÃO PAULO

Editor: Adilson Silva Ramachandra
Gerente editorial: Roseli de S. Ferraz
Gerente de produção editorial: Indiara Faria Kayo
Preparação de originais: Jeferson Luiz Camargo
Editoração eletrônica: Join Bureau

Dados Internacionais de Catalogação na Publicação (CIP)
(Câmara Brasileira do Livro, SP, Brasil)

Três Iniciados, 1862-1932.
   O caibalion: estudo de filosofia hermética do antigo Egito e da Grécia / Três Iniciados; tradução Rosabis Camaysar. – 2. ed. – São Paulo: Editora Pensamento Cultrix, 2021.

   Título original: The kybalion : a study of the hermetic philosophy of ancient Egypt and Greece
   ISBN 978-65-87236-98-8

   1. Hermetismo 2. Ocultismo I. Título.

21-65002   CDD-135.4

Índices para catálogo sistemático:
1. Filosofia hermética 135.4
Cibele Maria Dias – Bibliotecária – CRB-8/9427

Direitos reservados.
EDITORA PENSAMENTO-CULTRIX LTDA.
Rua Dr. Mário Vicente, 368 – 04270-000 – São Paulo, SP
Fone: (11) 2066-9000
E-mail: atendimento@editorapensamento.com.br
http://www.editorapensamento.com.br
Foi feito o depósito legal.

"Em qualquer lugar que estejam os vestígios do
Mestre, os ouvidos daquele que estiver preparado
para receber o seu Ensinamento se
abrirão completamente."

"Quando os ouvidos do discípulo estão
preparados para ouvir, então vêm os lábios
para enchê-los de Sabedoria."

O CAIBALION

Sumário

Introdução

Temos o grande prazer de apresentar aos estudantes e investigadores da Doutrina Secreta esta pequena obra baseada nos Preceitos Herméticos do mundo antigo. Existe tão pouco material escrito sobre esse assunto, apesar das inúmeras referências feitas pelos ocultistas aos Preceitos que expomos nas inúmeras obras existentes sobre o ocultismo, que isso nos leva a esperar que o grande número de pesquisadores das Verdades Arcanas saberá acolher devidamente o presente volume.

O propósito desta obra não é a enunciação de uma filosofia ou doutrina especial, mas sim fornecer aos estudantes uma exposição da Verdade que servirá para reconciliar os fragmentos do conhecimento oculto que possam ter adquirido, mas que parecem opor-se uns aos outros, e que só servem para desanimar e desagradar o principiante nesse estudo. O nosso intento não é construir um novo Templo de Conhecimento[1], mas sim colocar nas mãos do estudante uma Chave Mestra com que possa abrir todas as portas internas que conduzem ao Templo do Mistério em cujos portais ele já entrou.

Nenhum fragmento dos conhecimentos ocultos possuídos pelo mundo foi tão zelosamente guardado, como os fragmentos dos Preceitos Herméticos que chegaram até nós ao longo das dezenas de séculos já transcorridos desde o tempo do seu grande criador, Hermes Trismegisto, o "escriba" dos deuses, que viveu no Antigo Egito quando a atual raça humana estava em sua infância. Contemporâneo de Abraão e, se for verdadeira a lenda, instrutor deste venerável sábio, Hermes foi e é o Grande Sol Central do Ocultismo, cujos raios têm iluminado todos os ensinamentos que foram publicados desde o seu tempo. Todos os preceitos fundamentais e básicos introduzidos nos ensinamentos esotéricos de cada raça foram formulados por Hermes. Mesmo os mais antigos preceitos da Índia tiveram indubitavelmente suas raízes nos Preceitos Herméticos originais.

Desde a terra do Ganges, muitos ocultistas avançados viajaram para o Egito para se prostrarem aos pés do Mestre. Dele obtiveram a Chave Mestra que explicava e reconciliava os seus diferentes pontos de vista, e assim a Doutrina Secreta foi firmemente estabelecida.

---

[1] A palavra *Conhecimento* corresponde exatamente à palavra grega *Gnosis*, que os iniciados criaram para não atribuir a si o maior atributo da Divindade que é a ciência. "O homem nada sabe, mas é chamado a tudo conhecer", diz Éliphas Lévi. (N. do T.)

De outras terras também vieram os sábios, que consideravam Hermes como o Mestre dos Mestres; e a sua influência foi tão grande que, apesar dos numerosos desvios de caminho de séculos de instrutores dessas diferentes terras, ainda se pode facilmente encontrar certa semelhança e correspondência nas muitas – e quase sempre divergentes – teorias aceitas e combatidas pelos ocultistas de diferentes países atuais. Os estudantes de Religiões Comparadas compreenderão facilmente a influência dos Preceitos Herméticos em qualquer religião digna desse nome, quer seja uma religião conhecida pelo homem, uma religião morta ou que esteja em pleno vigor em nossos dias. Sempre há alguma correspondência entre elas, apesar das aparências contraditórias, e os Preceitos Herméticos atuam como o seu Grande Reconciliador.

A obra de Hermes parece ter sido criada com o fim de plantar a grande Verdade-Semente que se desenvolveu e germinou em tantas formas estranhas, mais depressa do que se teria estabelecido uma escola de filosofia que dominasse o pensamento do mundo. Todavia, as verdades originais ensinadas por ele mantiveram-se intactas em sua pureza original, por um pequeno número de homens, que, recusando grande parte de estudantes e discípulos pouco desenvolvidos, seguiram o costume hermético e reservaram as suas verdades para os poucos que estavam preparados para compreendê-las e dominá-las. Dos lábios aos ouvidos, a verdade tem sido transmitida entre esses poucos. Sempre existiram, em cada geração e em vários países da Terra, alguns Iniciados que conservaram viva a sagrada chama dos Preceitos Herméticos, e sempre recorreram a suas luzes para reacender as luzes mais fracas do mundo profano, quando a luz da verdade começava a escurecer e a apagar-se por conta de sua negligência, e os seus pavios ficavam embaraçados com substâncias estranhas. Sempre existiu um punhado de homens para cuidar do altar da Verdade, em que mantiveram sempre acesa a Lâmpada Perpétua da Sabedoria. Esses homens dedicaram sua vida a esse trabalho de amor que o poeta muito bem descreveu nestas linhas:

"Oh! não deixeis apagar a chama! Mantida de século
em século nesta escura caverna, em seus templos
sagrados! Sustentada por puros ministros do amor!
Não deixeis que esta divina chama se extingua!"

Estes homens nunca procuraram a aprovação popular, nem um grande número de prosélitos. São indiferentes a essas coisas, porque sabem quão poucos de cada geração estão preparados para a verdade, ou podem reconhecê-la se ela lhes for apresentada. Reservam a "carne para os homens-feitos", enquanto outros dão o "leite às crianças". Reservam suas pérolas de sabedoria para os poucos que conhecem o seu valor e sabem trazê-las nas suas coroas, em vez de "lançá-las aos porcos", que as pisoteariam na lama, misturando-as a seu repugnante alimento mental. Esses homens, porém, nunca se esqueceram ou perderam de vista os preceitos originais de Hermes, que tratam da transmissão das palavras da verdade aos que estão preparados para recebê-la, a respeito dos quais diz *O Caibalion*: "Em qualquer lugar que se achem vestígios do Mestre, os ouvidos daqueles que estiverem preparados para receber o seu Ensinamento se abrirão completamente". E ainda: "Quando os ouvidos do discípulo estiverem preparados para ouvir, aí virão os lábios para enchê-los de sabedoria". Mas a sua atitude habitual sempre esteve estritamente de acordo com outro aforismo hermético que também se encontra em *O Caibalion*: "Os lábios da Sabedoria estão fechados, exceto aos ouvidos do Entendimento."[2]

Os que não podem compreender são os que criticaram essa atitude dos Hermetistas e clamaram que eles não manifestavam o verdadeiro espírito dos seus ensinamentos nas astuciosas reservas e reticências que faziam. Porém, um rápido olhar retrospectivo nas páginas da história mostrará a sabedoria dos Mestres, que não ignoravam a loucura de pretender ensinar ao mundo o que ele não desejava saber, nem estava preparado para isso. Os Hermetistas nunca quiseram ser mártires; pelo contrário, mantinham um retiro silencioso, com um sorriso de piedade nos lábios fechados enquanto os bárbaros se enfureciam contra eles nos seus costumeiros divertimentos de levar à morte e à tortura os entusiastas honestos, porém desencaminhados, que julgavam ser possível obrigar uma raça de bárbaros a admitir a verdade, que só pode ser compreendida pelo eleito já bastante avançado no Caminho.

---

[2] Existe no homem um ouvido mental e um ouvido astral, assim como ele tem um ouvido físico, porque o que está em baixo é análogo ou correspondente ao que está em cima; e não igual. No estado de êxtase o ouvido mental, ou do Entendimento, se abre e ouve uma voz (a voz da Harmonia Infinita) que lhe revela por meio de uma "Música Celeste" os mistérios que ele deseja saber. Os ouvidos do Entendimento são ouvidos que ouvem e entendem, isto é, ouvidos conscientes da voz que ouvem em estado de abstração espiritual. (N. do T.)

E o espírito de perseguição ainda não desapareceu da Terra. Há certos Preceitos Herméticos que, se fossem divulgados, atrairiam contra os divulgadores um feroz alarido de desprezo e de ódio por parte da multidão, que tornaria a gritar: "Crucifiquem-nos! Crucifiquem-nos!"

Nesta pequena obra, procuramos apresentar ao leitor uma ideia dos preceitos fundamentais de *O Caibalion*, empenhados em transmitir-lhes os Princípios operacionais em vez de tratarmos detalhadamente de seus ensinamentos. Os verdadeiros estudantes não terão dificuldade para aplicar esses Princípios; já aqueles movidos por mera curiosidade precisarão se desenvolver porque, nesse caso, os Preceitos Herméticos serão para eles nada além de palavras, palavras, palavras...

OS TRÊS INICIADOS

Capítulo I

A Filosofia
Hermética

"Os lábios da sabedoria estão fechados,
exceto aos ouvidos do Entendimento[3]."

– O CAIBALION[4]

Foi do Antigo Egito que nos vieram os ensinamentos esotéricos e ocultistas fundamentais que, ao longo de milênios, têm influenciado tão prodigamente as filosofias de todas as raças,

---

[3] Vide a nota precedente.

[4] A palavra *Caibalion* (קיבליון) na linguagem secreta significa tradição ou preceito manifestado por um ente de cima. Esta palavra tem a mesma raiz que a palavra *Qabala*, *Qibul*, *Qibal* (קבל) com o acréscimo do *íon* (יון), vida ou ente manifestado, ou *eon* (αἰών) dos gnósticos. (N. do T.)

nações e povos. O Egito, a terra das Pirâmides e da Esfinge, foi a pátria da Sabedoria Secreta e dos Ensinamentos Místicos. Todas as nações receberam dele a Doutrina Secreta. A Índia, a Pérsia, a Caldeia, a Média, a China, o Japão, a Assíria, a Antiga Grécia e Roma e outros países antigos aproveitaram-se fartamente da exorbitância de conhecimentos que os Hierofantes e Mestres da Terra de Ísis ministravam tão generosamente aos que estivessem preparados para participar da profusão de Preceitos Místicos e Ocultos que as mentes superiores dessas antigas terras haviam reunido.

No Antigo Egito viveram os grandes Adeptos e Mestres que nunca mais foram superados, e raras vezes foram igualados, nos séculos que se passaram desde o tempo do grande Hermes. No Egito encontrava-se a maior das Lojas dos Místicos. Pelas portas dos seus Templos entravam os Neófitos que, mais tarde, como Hierofantes, Adeptos e Mestres, se espalharam pelos quatro cantos da Terra, levando consigo o precioso conhecimento que possuíam, ansiosos e desejosos de ensiná-lo àqueles que estivessem preparados para recebê-lo. Todos os estudantes das ciências Ocultas reconhecem a dívida que têm para com os veneráveis Mestres desse antigo país.

Contudo, entre esses Grandes Mestres do Antigo Egito, existiu um que eles proclamavam como o "Mestre dos Mestres". Este homem, se é que se tratava realmente de um "homem", viveu no Egito na mais remota Antiguidade. Era conhecido pelo nome de Hermes Trismegisto[5]. Foi o pai da Ciência Oculta – o fundador da

---

[5] Entre as obras atribuídas a Hermes Trismegisto podemos citar as seguintes: *A Tábua de Esmeralda, O Poimandres, O Asclépios*, e a *Minerva Mundi*, ou *Corê*

Astrologia, e o descobridor da Alquimia. Os detalhes da sua vida se perderam devido ao imenso espaço de tempo, que é de milhares de anos, e apesar de muitos países antigos disputarem entre si a honra de ter sido a sua pátria. A data da sua permanência no Egito, na sua última encarnação neste planeta, não é conhecida agora[6], mas foi fixada nos primeiros tempos das mais remotas dinastias do Egito, muito antes do tempo de Moisés. As autoridades mais competentes consideram-no como contemporâneo de Abraão, e algumas tradições judaicas dizem claramente que Abraão adquiriu uma parte do seu conhecimento místico do próprio Hermes.

Muitos anos depois de sua partida deste plano de existência (a tradição afirma que viveu trezentos anos), os egípcios deificaram Hermes e fizeram dele um dos seus deuses sob o nome de Thoth. Anos depois, os povos da Antiga Grécia também o deificaram com o nome de "Hermes, o Deus da Sabedoria". Os egípcios reverenciaram sua memória por muitos séculos – sim, dezenas de séculos –, chamando-o de "o Escriba dos Deuses", e apondo-lhe seu antigo título, "Trismegisto", que significa o "três vezes grande", "o grande entre os grandes". Em todos os países antigos, o nome

---

Cosmou, todas conhecidas pelos profanos. Destas obras temos a elegante tradução francesa de Louis Ménard. Além destas existem outras obras, que são do uso exclusivo dos Iniciados. O nome de Hermes foi dado também à universidade do Egito, e é por isso que são atribuídas a Hermes mais de 2.000 obras. Não trataremos aqui da significação hieroglífica da palavra Hermes, porque para isso seria necessário tornar esta nota muito extensa. (N. do T.)

[6] Supõe-se que Hermes viveu pelo ano 2.700 a.C., isto é, quando o Egito já estava sob o domínio dos Reis Pastores, os Hicsos, ou Irschu. (N. do T.)

de Hermes Trismegisto foi reverenciado como sinônimo de "Fonte de Sabedoria".

Ainda hoje usamos o termo "hermético" no sentido de "secreto", "fechado de tal maneira que nada escapa" etc., isso pelo fato de que os discípulos de Hermes sempre observaram o princípio do segredo nos seus preceitos. Eles abominavam a simples ideia de "lançar pérolas aos porcos", preferindo o preceito de "dar o leite às crianças", e "a carne aos homens-feitos", máximas que são familiares a todos os leitores das Escrituras Cristãs, mas que já eram usadas pelos egípcios muitos séculos antes da era cristã.

E essa política de criteriosa disseminação da verdade sempre caracterizou os Hermetistas, mesmo até os nossos dias. Os Preceitos Herméticos estão espalhados em todos os países e em todas as religiões, mas nunca são identificados com nenhuma seita religiosa particular, nem podemos associá-los a nenhum país específico por causa das advertências feitas pelos antigos instrutores com o fim de evitar que A Doutrina Secreta fosse cristalizada em um credo. A sabedoria desta exortação é clara para todos os estudantes de história. O antigo ocultismo da Índia e da Pérsia degenerou-se e perdeu-se completamente, porque os seus instrutores tornaram-se padres e misturaram a teologia com a filosofia, o que teve como consequência o fato de o ocultismo da Índia e da Pérsia ter se perdido gradualmente no meio da massa dessas religiões de superstições religiosas, cultos, credos e "deuses". O mesmo aconteceu com a Grécia e Roma antigas, e também com os Preceitos Herméticos dos Gnósticos e dos Cristãos Primitivos, que se perderam no tempo de Constantino, e que sufocaram a filosofia com o manto da teologia, fazendo assim a Igreja perder aquilo que era a sua verdadeira essência e espírito, e andar às cegas durante vários séculos, antes de encontrar o caminho de volta a sua antiga fé; de fato, tudo indica aos observadores criteriosos do nosso século XX que a Igreja vem lutando para voltar a seus antigos ensinamentos místicos.

Apesar de tudo isso, sempre existiram algumas almas fiéis que mantiveram viva a Chama, alimentando-a cuidadosamente e não deixando a sua luz se extinguir. E, graças a esses corações dedicados e essas mentes intrépidas, temos ainda conosco a verdade. Mas a maior parte dessa verdade não se acha nos livros. Tem sido transmitida de Mestre a Discípulo, de Iniciado a Hierofante, dos lábios aos ouvidos. Nas poucas vezes em que foi escrita, foi propositalmente dissimulada com termos de alquimia e astrologia, de modo que só os possuidores da chave pudessem lê-la corretamente. Isto se fez necessário para evitar as perseguições dos teólogos da Idade Média, que combatiam a Doutrina Secreta a ferro, fogo, pelourinho, forca e cruz. Nos dias de hoje, ainda não se encontrarão muitos livros confiáveis sobre a Filosofia Hermética, apesar das numerosas referências feitas a ela nos vários livros escritos sobre diversas fases do Ocultismo. Contudo, a Filosofia Hermética é a única Chave Mestra que pode abrir todas as portas dos Ensinamentos Ocultos!

Nos primeiros tempos, existiu uma compilação de certas Doutrinas Básicas do Hermetismo, transmitidas de mestre a discípulos, que eram conhecidas sob o nome de "o CAIBALION", cujo sentido e significado ficaram perdidos por vários séculos. Esse ensinamento é, contudo, conhecido por muitas pessoas às quais foi transmitido verbalmente, de maneira contínua através dos séculos. Até onde sabemos, esses preceitos nunca foram escritos ou impressos até chegarem ao nosso conhecimento. Eram apenas uma coletânea de máximas, preceitos e axiomas, incompreensíveis aos profanos, mas perfeitamente entendidos pelos estudantes, depois de explicados e exemplificados pelos Iniciados Hermetistas a seus Neófitos. Esses preceitos realmente constituíam os princípios básicos da "Arte da Alquimia Hermética" que, contrariamente às crenças gerais, lidava com o domínio sobre as Forças Mentais, e não dos Elementos Materiais; a Transmutação das Vibrações mentais em outras, e não sobre a mudança de uma espécie de metal em outra. As lendas da "Pedra Filosofal", que seria capaz de transformar qualquer metal em ouro, eram uma alegoria da Filosofia Hermética perfeitamente entendida por todos os estudantes do verdadeiro Hermetismo.

Neste pequeno livro, cuja primeira lição é esta, convidamos os estudantes a examinar os Preceitos Herméticos, tal como estão expostos em O CAIBALION e explicados por nós, humildes aprendizes desses Preceitos, que, apesar de termos o título de Iniciados, nada mais somos além de sombras aos pés de HERMES, o Mestre. Nós lhes oferecemos muitos axiomas, máximas e preceitos de O CAIBALION, acompanhados de explicações e comentários que consideramos essenciais para tornar os seus preceitos mais compreensíveis ao estudioso moderno, sobretudo porque o texto original é propositadamente repleto de termos obscuros.

As máximas, os axiomas e preceitos originais de O CAIBALION são aqui impressos em tipo diferente do tipo geral da nossa obra, com a atribuição dos devidos créditos. Esperamos que os estudantes a quem oferecemos esta pequena obra possam tirar muito proveito do estudo das suas páginas, como o fizeram tantos outros que os precederam no Caminho da Mestria, nos séculos decorridos desde o tempo de HERMES TRISMEGISTO, o Mestre dos Mestres, o Três Vezes Grande, nas palavras de O CAIBALION:

> "Em qualquer lugar que estejam os vestígios do
> Mestre, os ouvidos daquele que estiver preparado
> para receber o seu Ensinamento se
> abrirão completamente."

> "Quando os ouvidos do discípulo estão
> preparados para ouvir, então vêm os lábios
> para enchê-los de Sabedoria."

De modo que, segundo os Ensinamentos, só dará atenção a este livro aquele que estiver pronto para receber os Preceitos que ele transmite. E, reciprocamente, quando o estudante estiver preparado para receber a verdade, também este pequeno livro virá até ele. Esta é a Lei. O Princípio Hermético de Causa e Efeito, no seu aspecto de Lei da Atração, unirá lábios e ouvidos – e juntos estarão o aprendiz e o livro. Que assim seja!

Capítulo 2

Os Sete Princípios Herméticos

"Os Princípios da Verdade são Sete; aquele que os
conhece perfeitamente possui a Chave Mágica cujo
toque abrirá todas as Portas do Templo."

– O CAIBALION

Os Sete Princípios em que se baseia toda a Filosofia Hermética são os seguintes:

I. O Princípio do Mentalismo.
II. O Princípio da Correspondência.
III. O Princípio da Vibração.
IV. O Princípio da Polaridade.

V. O Princípio do Ritmo.
VI. O Princípio de Causa e Efeito.
VII. O Princípio de Gênero.

Esses Sete Princípios serão explicados e comentados à medida que prosseguirmos com estas lições. Contudo, uma breve explicação de cada um pode ser feita agora.

I. O PRINCÍPIO DO MENTALISMO
"O todo é mente; o Universo é Mental[7]."

– O CAIBALION

Este Princípio contém a verdade de que *Tudo é Mente*. Explica que o TODO (que é a Realidade Substancial que subjaz a todas as

---

[7] Este Princípio é muito importante a conhecer. Os cabalistas comparam o Espírito ao éter que se acha dentro de um vidro. Enquanto o vidro estiver tapado, estará cheio de éter, mas desde que a *rolha* saia, o éter começará a sair também. O vidro sendo comparado ao corpo físico, a *rolha* ao astral e o éter ao Espírito: o astral é que prende o espírito ao físico e assim como todo o éter não sai repentinamente do vidro, assim também a morte não se produz repentinamente, salvo em *raríssimos* casos anormais. A matéria não é mais que a força mental coagulada. Para exprimir isto os cabalistas comparam o Espírito a um pedaço de estanho, que em contato com o calor (Amor divino, Luz divina, Æsch שׁאֵ) se derrete, se sutiliza e purifica; porém, estando afastado desse calor, endurece, condensa-se e cai na matéria (mentira da sensibilidade reflexa). Deixamos aos cuidados dos discípulos o tirar todas as consequências deste Princípio de Mentalismo. Não podemos deixar de assinalar que ao Círculo Esotérico cabe a glória de ser o primeiro a propagar estas ideias na América do Sul. (N. do T.)

manifestações e aparências que conhecemos pelo nome de "Universo Material"; "Fenômenos da Vida"; "Matéria"; "Energia" e, em suma, tudo o que é evidente a nossos sentidos materiais) é ESPÍRITO, que em si mesmo é INCOGNOSCÍVEL e INDEFINÍVEL, mas pode ser considerado como uma MENTE UNIVERSAL, INFINITA e VIVENTE. Também explica que o mundo ou universo fenomenal não passa de uma Criação Mental do TODO, sujeita às Leis das Coisas Criadas, e que o universo, como um todo, em suas partes ou unidades, tem sua existência na mente do TODO, em cuja Mente "vivemos, nos movemos e temos nossa existência". Ao estabelecer a Natureza Mental do Universo, esse princípio explica todos os fenômenos mentais e psíquicos que ocupam grande parte da atenção pública, e que, sem tal explicação, seriam ininteligíveis e desafiariam toda interpretação científica. A compreensão desse Princípio Hermético do Mentalismo permite que o indivíduo apreenda facilmente as leis do Universo Mental e passe a aplicá-la a seu bem-estar e aperfeiçoamento. O Estudante Hermetista é capaz de aplicar de modo inteligente as grandes Leis Mentais, em vez de empregá-la de maneira fortuita.

Com a Chave Mestra em seu poder, o estudante poderá abrir as diversas portas do templo psíquico e mental do conhecimento e entrar por elas livre e inteligentemente. Este Princípio explica a verdadeira natureza da "Força", da "Energia" e da "Matéria", e como e por que todas elas são subordinadas ao Domínio da Mente. Um dos mais antigos Mestres Herméticos escreveu, há muito tempo: "Aquele que compreende a verdade da Natureza Mental do Universo está bem avançado no Caminho da Mestria". E essas palavras são tão verdadeiras hoje, como no tempo em que foram escritas. Sem esta Chave Mestra, a Mestria é impossível, e o estudante baterá em vão nas diversas portas do Templo.

II. O PRINCÍPIO DA CORRESPONDÊNCIA

"Assim em cima como embaixo;
assim embaixo como em cima[8]."

– O CAIBALION

Este Princípio contém a verdade de que sempre há uma Correspondência entre as leis e os fenômenos dos diversos planos do Ser e da Vida. O velho axioma hermético assim o explicava: "Assim em cima como embaixo, assim embaixo como em cima". A compreensão desse Princípio dá ao homem os meios de resolver muitos paradoxos obscuros e segredos ocultos da Natureza. Existem planos fora dos nossos conhecimentos, mas, quando

---

[8] *Quod superius est sicut quod injerius, et quod inferius est sicut quod superius.* Diz-se que "o que está em cima é como o que está embaixo", isto é, análogo e correspondente, mas não igual, nem semelhante. Dizemos semelhantes as coisas que têm aparências comuns; dizemos iguais as coisas que têm dimensões iguais. Uma coisa é análoga e correspondente a outra quando tem função correspondente e análoga. Assim na constituição humana o ventre é correspondente à boca, o peito ao nariz e a cabeça aos olhos e aos ouvidos, porque a boca, sendo a entrada do ventre, tem uma função análoga, porém mais elevada que ele, o mesmo dá-se com o nariz para com o peito e a cabeça para com os olhos e principalmente para com os ouvidos. Portanto seria erro dizer o que está em cima é igual ao que está embaixo, porque a matéria não é igual ao espírito, o Céu não é igual à Terra, o volátil não é igual ao fixo, etc. (N. do T.)

lhes aplicamos o Princípio da Correspondência, chegamos a compreender muita coisa que, de outro modo, nos seria impossível compreender. Este Princípio é de aplicação e manifestação universal nos diversos planos do universo material, mental e espiritual: é uma Lei Universal.

Os antigos Hermetistas consideravam este Princípio como um dos mais importantes instrumentos mentais por meio dos quais o homem pode ver além dos obstáculos que encobrem à vista o Desconhecido. Seu uso constante chegava, inclusive, a desnudar o Véu de Ísis a ponto de nos permitir entrever de relance o rosto da deusa. Assim como o conhecimento dos Princípios da Geometria permite que um homem, sentado em seu observatório, consiga medir as distâncias e os movimentos de estrelas distantes, o conhecimento do Princípio da Correspondência permite que o homem raciocine com inteligência e avance por um caminho que o leve do Conhecido ao Desconhecido. Ao estudar a mônada, ele entende o arcanjo.

III. O PRINCÍPIO DA VIBRAÇÃO

"Nada está parado; tudo se move; tudo vibra."

– O CAIBALION

Este Princípio encerra a verdade que "tudo está em movimento"; "tudo vibra"; "nada está parado"; fatos que a Ciência Moderna avaliza, e que cada nova descoberta científica tende a confirmar. E contudo este Princípio Hermético foi enunciado há milhares de anos pelos Mestres do Antigo Egito.

Este Princípio explica que as diferenças entre as diversas manifestações de Matéria, Energia, Mente e Espírito resultam, em grande parte, de índices variáveis de Vibração. Desde o TODO, que é Puro Espírito, até a forma mais grosseira da Matéria, tudo está em vibração; quanto mais alta a vibração, mais alta será sua posição na escala. A vibração do Espírito é de uma intensidade e rapidez tão infinitas que praticamente ele está em estado de repouso – assim como uma roda que, por se mover muito rapidamente, parece estar parada.

No outro extremo da escala há formas grosseiras da matéria, cujas vibrações são tão baixas que parecem estar em repouso. Entre esses polos existem milhões e milhões de graus diferentes de vibração. Desde o corpúsculo e o elétron, o átomo e a molécula, até os mundos e universos, tudo está em movimento vibratório. Isso também é verdade nos planos da energia e da força (que nada mais são que graus variáveis de vibração); também nos planos mentais (cujos estados dependem das vibrações), assim como nos planos espirituais.

O conhecimento desse Princípio, com as fórmulas apropriadas, permite ao estudante do Hermetismo controlar não apenas suas vibrações mentais, como também as dos outros. Os Mestres também aplicam esse Princípio à conquista dos Fenômenos Naturais, e o fazem de várias maneiras. "Aquele que compreende o Princípio da Vibração, alcançou o cetro do poder", diz um antigo escritor.

IV. O PRINCÍPIO DA POLARIDADE

"Tudo é Duplo; tudo tem polos; tudo tem seu par de
opostos; semelhante e dessemelhante são o mesmo;
os opostos são idênticos em natureza,
mas diferentes em grau; os extremos se encaixam;
todas as verdades são meias verdades;
todos os paradoxos podem ser reconciliados."

– O CAIBALION

Este Princípio incorpora a verdade de que "tudo *é* Duplo"; "tudo
tem dois polos"; "tudo tem seu par de opostos", todos os quais eram
antigos axiomas Herméticos. Esses breves enunciados explicam os
velhos paradoxos que deixaram tantos homens perplexos e que foram assim formulados: "Tese e Antítese são idênticas em natureza,
mas diferentes em grau; os opostos são a mesma coisa, diferindo
somente em grau; os pares de opostos podem ser reconciliados; os
extremos se tocam; tudo existe e não existe ao mesmo tempo; todas
as verdades são meias verdades; toda verdade *é* meio falha; há dois
lados em tudo" etc. etc. O Princípio da Polaridade explica que em
tudo há dois polos ou aspectos opostos, e que os "opostos" são simplesmente os dois extremos da mesma coisa, entre os quais há uma
interposição de graus diferentes. Por exemplo: o Calor e o Frio, ainda que sejam "opostos", são a mesma coisa, e a diferença entre eles
consiste simplesmente na variação de graus dessa mesma coisa.

Consultem seu termômetro e vejam se descobrem onde termina o "calor" e começa o "frio"! Não existe "calor absoluto" ou "frio

absoluto"; os dois termos "calor" e "frio" indicam somente a variação de grau da mesma coisa, e essa "mesma coisa" que se manifesta como "calor" e "frio" nada mais é que uma forma, variedade e ordem de Vibração. Assim o "calor" e o "frio" são unicamente os "dois polos" daquilo que chamamos "Calor" – e os fenômenos que daí decorrem são manifestações do Princípio da Polaridade. O mesmo Princípio se manifesta no caso da "Luz" e da "Obscuridade", que são a mesma coisa, consistindo a diferença simplesmente nas variações de graus entre os dois polos do fenômeno. Onde cessa a "obscuridade" e começa a "luz?" Qual é a diferença entre "Grande e o Pequeno?" Entre "Duro e Maleável"? Entre "Branco e Preto"? Entre "Afiado e Côncavo"? Entre "Ruído e Silêncio"? Entre "Alto e Baixo"? Entre "Positivo e Negativo"?

O Princípio da Polaridade explica esses paradoxos, e nenhum outro Princípio pode superá-lo. O mesmo Princípio opera no Plano Mental. Permita-nos o leitor apresentar um exemplo radical e extremo: o do "Amor e Ódio", dois estados mentais que, à primeira vista, parecem totalmente distintos. Ainda assim, há graus de Ódio e graus de Amor, e um ponto médio em que podemos usar, por exemplo, os termos "Apreço ou Desapreço", os quais se confundem tão completamente que não conseguimos saber se sentimos "apreço" ou "desapreço" – ou se não se trata nem disso nem daquilo. E todos são apenas graus de uma mesma coisa, como o leitor compreenderá se dedicar alguns momentos à reflexão. E, mais do que isso (coisa que era da máxima importância para os Hermetistas), é possível mudar as vibrações de Ódio em vibrações de Amor, tanto em nossa própria mente quanto na mente dos outros.

Muitos dos que ora leem estas linhas, já passaram por experiências pessoais da transformação rápida e involuntária do Amor em Ódio ou, do inverso, quer isso se tenha dado com eles mesmos, quer com outros. E desse modo o leitor terá um vislumbre da possibilidade de que isso se caracteriza pelo uso da Vontade, por meio das fórmulas Herméticas. "Bem e o Mal" nada mais são, portanto, que polos opostos de uma mesma coisa, e o Hermetista conhece a arte de transformar o Mal no Bem mediante uma aplicação do Princípio da Polaridade. Em resumo, a "Arte de Polaridade" torna-se uma fase da "Alquimia Mental", conhecida e praticada pelos Mestres Herméticos antigos e modernos. A compreensão desse Princípio permitirá a uma pessoa modificar sua própria Polaridade, assim como a dos outros, desde que ela consagre o tempo e o estudo necessários ao domínio dessa arte.

V. O PRINCÍPIO DO RITMO

"Tudo tem fluxo e refluxo; tudo tem suas marés;
tudo sobe e desce; tudo se manifesta por oscilações
compensadas; a medida do movimento à direita
é a medida do movimento à esquerda;
o ritmo é a compensação."

– O CAIBALION

Este Princípio incorpora a verdade de que em tudo se manifesta um movimento mensurado para a frente e para trás, um fluxo e refluxo, um movimento de atração e repulsão, um movimento semelhante ao do pêndulo, uma maré enchente e uma maré vazante, uma maré alta e uma maré baixa, entre os dois polos que existem, de acordo com o Princípio da Polaridade de que tratamos há pouco. Existe sempre uma ação e uma reação, uma marcha e uma retirada, uma subida e uma descida. É assim nas coisas do Universo, nas estrelas, nos mundos, nos homens, nos animais, na mente, na energia e na matéria.

Esta lei é manifesta na criação e destruição dos mundos, na ascensão e queda das nações, na vida de todas as coisas e, finalmente, nos estados mentais do Homem (e é estes últimos que os Hermetistas atribuem maior importância à compreensão do Princípio). Os Hermetistas apreenderam o sentido desse Princípio, encontrando sua aplicação universal, e descobriram também certos meios de dominar seus efeitos neles próprios, mediante o uso de fórmulas e métodos apropriados. Eles aplicam a Lei Mental da Neutralização. Eles não podem anular o Princípio ou impedir as suas operações, mas aprenderam como se escapa a seus efeitos neles mesmos, dependendo, até certo grau, do Domínio deste Princípio. Aprenderam como usá-lo em vez de serem usados por ele.

É neste e em outros métodos que consiste a Arte dos Hermetistas. O Mestre em Hermetismo se polariza no ponto em que deseja repousar, e então neutraliza a Oscilação Rítmica pendular que tenderia a conduzi-lo ao outro polo.

Todos os indivíduos que atingiram qualquer grau de Autodomínio fazem isso até certo ponto, de modo mais ou menos inconsciente, mas o Mestre o faz conscientemente e pelo uso de sua Vontade, e ele termina por atingir um grau de Equilíbrio e Firmeza

Mental quase inacreditável pelas massas populares, que são levadas para a frente e para trás como um pêndulo. Esse Princípio e o Princípio de Polaridade foram minuciosamente estudados pelos Hermetistas, e os métodos para refutá-los, neutralizá-los e USÁ-LOS constituem uma parte importante da Alquimia Mental do Hermetismo.

VI. O PRINCÍPIO DE CAUSA E EFEITO

"Toda Causa tem seu Efeito; todo Efeito tem sua
Causa; tudo acontece de acordo com a Lei;
o Acaso nada mais é que um nome dado a uma Lei
não reconhecida; há muitos planos de causalidade,
mas nada escapa à Lei."

– O CAIBALION

Este princípio incorpora o fato de que há uma Causa para todo Efeito, e um Efeito a partir de toda Causa. Explica que: "Tudo acontece de acordo com a Lei, nada acontece sem razão; que o acaso não existe; que, embora existam vários planos de Causa e Efeito, e que os planos superiores dominem os planos inferiores, nada pode esquivar-se inteiramente à Lei.

Os Hermetistas conhecem, até certo ponto, a arte e os métodos de elevar-se acima do plano ordinário de Causa e Efeito, e por meio da elevação mental a um plano superior tornam-se Causa, em vez de Efeito.

As massas populares se deixam conduzir docilmente, obedientes a seu entorno; os desejos e as vontades dos outros são mais fortes que as vontades delas; a hereditariedade, a sugestão e outras causas exteriores movem-nas como se fossem peões no Tabuleiro de Xadrez da Vida. Mas os Mestres, elevando-se ao plano superior, dominam sua disposição de espírito, seu caráter, suas qualidades e seus poderes, tão bem como o espaço circundante, o que os converte em Motores, em vez de peões. Eles ajudam a JOGAR O JOGO DA VIDA, em vez de serem jogados e dirigidos pela vontade alheia e por circunstâncias fortuitas. Eles USAM o Princípio, em vez de serem joguetes em suas mãos. Os Mestres obedecem à Causalidade dos planos superiores, mas ajudam a REGER seu próprio plano. Nessa afirmação está condenado um tesouro de Conhecimento Hermético — entenda-o quem for capaz.

VII. O PRINCÍPIO DE GÊNERO

"O Gênero está em tudo; tudo tem seu Princípio
Masculino e seu Princípio Feminino; o Gênero se
manifesta em todos os planos."
– O CAIBALION

Este Princípio incorpora a verdade que o GÊNERO existe em tudo — os Princípios Masculino e Feminino estão sempre em ação. Isto é verdadeiro não só no Plano Físico, mas também no Plano Mental e, inclusive, no Plano Espiritual. No Plano Físico, esse Princípio se manifesta como SEXO; nos planos superiores, assume formas mais elevadas, mas é sempre o mesmo Princípio. Nenhuma criação, quer física, quer mental ou espiritual, é possível sem este Princípio. A compreensão das suas leis poderá esclarecer muitos temas que deixaram perplexa a mente dos homens. O Princípio de Gênero opera sempre tendo em vista a geração, regeneração e criação[9].

Toda coisa e toda pessoa contêm em si os dois Elementos ou Princípios, ou este Grande Princípio (seja homem ou mulher). Todo Princípio Masculino contém o Princípio Feminino; todo Princípio Feminino contém o Princípio Masculino.

O leitor que quiser compreender a filosofia da Criação, Geração e Regeneração[10] mental e espiritual, deverá estudar esse Princípio Hermético. Ele contém a solução de muitos mistérios da Vida. Devemos adverti-lo, porém, que este Princípio não tem nenhuma relação com o grande número de teorias, ensinamentos e práticas ignominiosas, execráveis e degradantes que são ensinadas sob títulos extravagantes e nada mais são do que a prostituição do grande princípio natural de Gênero. Essas reminiscências degradantes das antigas formas infames do Falicismo, tendem a arruinar a mente, o corpo e a alma; e a Filosofia Hermética sempre fez soar uma nota de advertência contra estes ensinamentos degradantes que tendem à luxúria, à depravação e à perversão dos princípios da Natureza. Quem estiver em busca desses ensinamentos, não encontrará neste

---

[9] Geração no Plano físico; regeneração no Plano mental e criação no Plano espiritual. (N. do T.)

[10] A geração de uma ideia é a formação do gérmen dessa ideia; a regeneração é o aperfeiçoamento é o crescimento dessa ideia, e a criação é a realização completa da ideia. (N. do T.)

livro nada que lhe possa ser útil – ao longo destas linhas, o Hermetismo não conterá nada que o ajude em seu engrandecimento. Para aquele que é puro, todas as coisas são puras; para os que são vis, todas as coisas são torpes.

Capítulo 3

A Transmutação Mental

"A Mente (tão bem como os metais e os elementos)
pode ser transmutada de estado em estado, de grau
em grau, de condição em condição, de polo em polo,
de vibração em vibração. A verdadeira
Transmutação Hermética é uma Arte Mental."

– O CAIBALION

Como dissemos, os Hermetistas foram os antigos alquimistas, os primeiros astrólogos e os primeiros psicólogos, e foi Hermes o fundador dessas escolas de pensamento. Da astrologia nasceu a astronomia moderna; da alquimia nasceu a química moderna; da psicologia mística nasceu a psicologia moderna das escolas. Mas não se pode supor que os antigos ignoravam aquilo que as escolas modernas pretendem ser sua propriedade exclusiva e especial. Os registros gravados nas pedras do Antigo Egito mostram claramente que os antigos tinham um grande conhecimento de astronomia; a própria construção das Pirâmides mostra a relação entre sua concepção e o estudo da ciência astronômica. Tampouco ignoravam a Química, porque os fragmentos dos antigos escritos mostram que eles estavam familiarizados com as propriedades químicas das coisas; com efeito, as antigas teorias relativas à física vão sendo vagarosamente comprovadas pelas últimas descobertas da ciência moderna, em particular as que se referem à constituição da matéria. Também não devemos pensar que eles ignoravam as chamadas "descobertas modernas da psicologia"; pelo contrário, os egípcios eram especialmente versados na ciência da Psicologia, sobretudo nos ramos que as escolas modernas ignoram, mas que, não obstante, vêm sendo conhecidos sob a denominação de "ciência psíquica" – e que têm deixado perplexos os psicólogos atuais, levando-os a admitir, com relutância, que "afinal, pode haver algo de verdadeiro neles".

A verdade é que, por sob a química material, a astronomia e a psicologia (isto é, a psicologia em sua fase de "ação mental"), os antigos tinham um conhecimento da astronomia transcendental, chamado astrologia; da química transcendental, chamado alquimia; da psicologia transcendental, chamado Psicologia Mística. Possuíam tanto o Conhecimento Interno como o Conhecimento Externo, sendo o último o único possuído pelos cientistas modernos. Entre os muitos ramos secretos de conhecimento possuídos pelos Hermetistas estava aquele conhecido sob o nome de Transmutação Mental, que constitui o tema material desta lição.

"Transmutação" é um termo geralmente usado para designar a antiga arte da transmutação dos metais – em particular, dos metais impuros em ouro. A palavra "transmutar" significa "mudar de uma natureza, forma ou substância em outra; transformar" (Webster). E da mesma forma, "Transmutação Mental" significa a arte de transformar e de mudar os estados, as formas e as condições mentais em outras. Assim, poderemos ver que a Transmutação Mental é a "Arte da Química Mental" ou, se parecer melhor, uma forma de Psicologia Mística prática.

Tudo isso, porém, significa muito mais do que parece na superfície.

A Transmutação, a Alquimia, ou a Química, no Plano Mental, são sem dúvida muito importantes em seus efeitos e, se essa arte não seguisse adiante, ainda assim continuaria a ser um dos mais importantes ramos de estudos conhecidos pelo homem. Mas isso é só o começo. Vejamos por quê!

O primeiro dos Sete Princípios Herméticos é o Princípio do Mentalismo, cujo axioma é "o TODO é Mente; o Universo é Mental", que significa que a Realidade Subjacente do Universo é Mente; e que o Universo em si é Mental –, isto é, que "existe na Mente do TODO". Examinaremos esse princípio nas próximas lições, mas consideremos o efeito do princípio se admitirmos que ele é verdadeiro.

Se o Universo é Mental em sua natureza, a Transmutação Mental deve ser a arte de MUDAR AS CONDIÇÕES DO UNIVERSO no que diz respeito à Matéria, à Força e à Mente. Vereis, portanto, que a Transmutação Mental é realmente a "Magia" de que os antigos escritores muito trataram em suas obras místicas, e sobre a qual deixaram tão poucas instruções práticas. Se Tudo é Mental, então a arte que permite a alguém transmutar as condições mentais deve fazer do Mestre o controlador das condições materiais, assim como daquelas comumente chamadas "mentais".

Na verdade, somente os Alquimistas Mentais conseguiram o grau necessário de poder para dominar as mais grosseiras condições físicas e os elementos da Natureza, como a produção ou cessação das tempestades e a produção e cessação de terremotos, bem como de outros grandes fenômenos físicos. Que tais homens tenham existido, e existam ainda hoje, é uma questão de crença e boa-fé sinceras para todos os ocultistas adiantados de todas as escolas. Que os Mestres existem e que eles têm tais poderes, os melhores instrutores asseguram-no aos seus discípulos, tendo tido experiências que os justificam nessas crenças e afirmações. Esses Mestres não fazem exibições públicas de seus poderes; o que buscam, na verdade, é isolar-se das multidões ruidosas a fim de trabalhar melhor seu caminho ao longo da Senda do Conhecimento. Mencionamos aqui a sua existência simplesmente com o fim de chamar vossa atenção para o fato de que seu poder é inteiramente Mental, e opera conforme as linhas da mais elevada Transmutação Mental, e em conformidade com o Princípio Hermético do Mentalismo. "O Universo é Mental" – O Caibalion.

Contudo, os discípulos e os Hermetistas com graus inferiores aos dos Mestres – os Iniciados e os Instrutores – são igualmente capazes de trabalhar paralelamente ao Plano Mental, na

Transmutação Mental. Com efeito, tudo o que chamamos "fenômenos psíquicos", "influência mental", "ciência mental", "fenômenos do novo pensamento" etc., obedece às mesmas linhas gerais, pois não há senão um princípio envolvido, seja qual for o nome que se lhe atribua.

O discípulo e praticante da Transmutação Mental opera no Plano Mental, transmutando condições mentais, estados etc., em outros, de acordo com diferentes fórmulas mais ou menos eficazes. Os diversos "tratamentos", "afirmações" e "negações" etc. das escolas da ciência mental nada são além de fórmulas, frequentemente muito imperfeitas e pouco científicas, da Arte Hermética. A maioria dos praticantes modernos é muito ignorante em comparação com os antigos mestres, pois carece do conhecimento fundamental sobre o qual se fundamenta o trabalho.

Não somente é possível a qualquer um mudar ou transmutar seus próprios estados mentais por meio dos Métodos Herméticos, como também lhes é possível modificar os estados mentais dos outros da mesma maneira, em geral inconscientemente, mas muitas vezes de modo consciente, da parte de alguns que conhecem as leis e os princípios, nos casos em que as pessoas afetadas não têm informações sobre os princípios de autoproteção. E, além disso, como sabem muitos aprendizes e praticantes da moderna ciência mental, toda condição material que depende da mente dos outros pode ser mudada ou transmutada de acordo com o desejo, a vontade e os "tratamentos" reais da pessoa que deseja mudar suas condições de vida. Em termos gerais, o público está tão informado sobre essas coisas que não nos pareceu necessário mencioná-las em detalhes, uma vez que nosso objetivo, a esse respeito, consiste apenas em mostrar a Arte e o Princípio Hermético da Polaridade que subjazem a todas essas diferentes formas de práticas, boas ou más – pois a força pode ser usada em direções opostas, segundo os Princípios Herméticos da Polaridade.

Neste pequeno livro, procuramos estabelecer os princípios básicos da Transmutação Mental, para que nossos leitores possam compreender os Princípios Subjacentes e, desse modo, possuir então a Chave Mestra que abrirá as diversas portas do Princípio Hermético da Polaridade.

Iniciaremos agora uma consideração sobre o primeiro dos Sete Princípios Herméticos – o Princípio do Mentalismo, em que se explica, nas palavras de *O Caibalion*, a verdade que "o TODO é Mente; o Universo é Mental". Pedimos muita atenção e um estudo criterioso desse grande Princípio, por parte de nossos discípulos, porque o que temos aqui é, de fato, o Princípio Básico de Toda a Filosofia Hermética e da Arte Hermética da Transmutação Mental.

Capítulo 4

O Todo

"Sob, e por trás do Universo, do Tempo, do Espaço e
da Mudança, sempre se haverá de encontrar a
Realidade Substancial – a Verdade Fundamental."
– O CAIBALION

"Substância" significa "aquilo que subjaz a todas as manifestações exteriores; a essência; a realidade essencial; a coisa em si" etc. "Substancial" significa "que tem existência concreta; que é o elemento essencial; que é real" etc. "Realidade" significa "o estado de ser real; verdadeiro, duradouro; válido; fixo; permanente; efetivo" etc.

Sob e por trás de todas as aparências ou manifestações exteriores, deverá sempre haver uma Realidade Substancial. Esta é a Lei. Ao considerar o Universo, do qual é uma unidade, o homem nada vê além de mudanças na matéria, nas forças e nos estados mentais. Ele vê que nada realmente é, mas que todas as coisa VÊM A SER E SE TRANSFORMAM. Nada permanece em repouso – tudo nasce, cresce e morre –; no instante mesmo em que uma coisa atinge seu apogeu, começa a declinar – a lei do ritmo está em constante ação –, não há nenhuma realidade durável, nenhuma fixidez ou substancialidade em nada – nada é permanente, salvo a mudança. Ele vê que todas as coisas evoluem a partir de outras coisas, e adquirem outra forma – um processo constante de ação e reação; um fluxo e refluxo; criação e destruição; nascimento, crescimento e morte. Nada permanece, salvo Mudança. E, se ele for um homem que sabe pensar, perceberá que todas essas coisas mutantes não devem ser senão a aparência ou manifestação exterior de algum Poder Subjacente – alguma Realidade Substancial.

Todos os pensadores, em todos os países e épocas, compreenderam a necessidade de postular a existência dessa Realidade Substancial. Todas as filosofias dignas desse nome basearam-se nesse pensamento. Os homens deram muitos nomes a essa Realidade Substancial – alguns a chamaram pelo nome de Divindade (associada a diversos títulos); outros a chamaram de "Energia Eterna e Infinita"; outros tentaram chamá-la de "Matéria" –, mas todos reconheceram sua existência. Ela é evidente por si mesma – não precisa de nenhum argumento.

Nestas lições, temos seguido o exemplo de alguns dos maiores pensadores, tanto do mundo antigo como do moderno – os Mestres

Herméticos –, e temos nos referido a esse Poder Subjacente – essa Realidade Substancial – como "o TODO", termo que nos parece ser o mais abrangente dentre os vários aplicados pelo Homem àquilo que transcende quaisquer nomes e termos.

Aceitamos e ensinamos o ponto de vista dos grandes pensadores Herméticos de todos os tempos, assim como o ponto de vista daquelas almas iluminadas que alcançaram os planos superiores do ser, e afirmam, todos, que a natureza interior do TODO é INCOGNOSCÍVEL. E isso deve ser assim, de fato, porque nada, a não ser o próprio TODO, é capaz de compreender sua própria natureza e ser.

Os Hermetistas acreditam e ensinam que o TODO, "em si mesmo", é e deve ser sempre INCOGNOSCÍVEL. Consideram que todas as teorias, suposições e especulações dos teólogos e metafísicos, no que diz respeito à natureza interior do TODO, assemelha-se aos esforços pueris das mentes finitas que anseiam por apreender os segredos do Infinito. Esses esforços sempre falharam e continuarão a falhar, tendo em vista a natureza mesma da tarefa. Aquele que se lança em tais investigações ficará dando voltas a esmo no labirinto do pensamento, até perder toda sanidade de raciocínio, ação ou conduta, terminando por ficar extremamente incapacitado para o trabalho da vida. É como o esquilo que corre freneticamente na roda de exercícios de sua gaiola, sem chegar a lugar algum – em outras palavras, um prisioneiro que nunca sai do seu ponto de partida.

Ainda mais presunçosos são aqueles que tentam atribuir ao TODO a personalidade, as qualidades, propriedades, características e atributos de si mesmos, conferindo ao TODO as emoções, sentimentos e características humanos – chegando mesmo aos traços mais desprezíveis da humanidade, como o ciúme, a suscetibilidade à lisonja e ao elogio, o desejo de oferendas e adorações, e todos os outros remanescentes dos dias em que nossa raça ainda estava na infância. Essas ideias não são dignas de pessoas esclarecidas, e vêm sendo rapidamente descartadas.

(A esta altura, talvez seja conveniente afirmar que fazemos distinção entre Religião e Teologia, entre Filosofia e Metafísica.) Para nós, a Religião significa essa realização intuitiva da existência do TODO, e a realização entre nós e ele; Teologia, por sua vez, significa as tentativas humanas de atribuir-lhe personalidade, qualidade e características; suas teorias relativas a seus assuntos, vontades, desejos, planos, desígnios, e sua apropriação do ofício de "mediadores" entre o TODO e as pessoas.

Filosofia significa, para nós, a pesquisa dedicada ao conhecimento das coisas cognoscíveis e pensáveis, ao passo que Metafísica significa a tentativa de levar a pesquisa para muito além dos limites e das regiões incognoscíveis e impensáveis, e com a mesma tendência que a da Teologia. E, por conseguinte, tanto a Religião como a Filosofia significam, para nós, coisas que têm raízes na Realidade, ao passo que a Teologia e a Metafísica parecem caniços quebradiços, enraizados nas areias movediças da ignorância, e nada mais constituem que o mais incerto apoio para a mente ou a alma do Homem. Não insistiremos com os estudantes que aceitam essas definições; só as mencionamos para mostrar a posição em que nos colocamos neste assunto. Seja como for, falaremos muito pouco sobre a Teologia e a Metafísica.

Contudo, embora a natureza essencial do TODO não se dê a conhecer, há certas verdades ligadas a sua existência que a mente humana se vê obrigada a aceitar. E um exame dessas verdades constitui um tema apropriado à indagação, particularmente quando elas são compatíveis com os ditames dos Iluminados nos Planos Superiores. Convidamos nossos leitores a fazer essas indagações.

"AQUILO que constitui a Verdade Fundamental – a
Realidade Substancial – está muito além de uma
denominação verdadeira, mas os Homens
Esclarecidos chamam-no de O TODO."
– O CAIBALION

"Em sua Essência, O TODO é INCOGNOSCÍVEL."
– O CAIBALION

"Contudo, os ditames da Razão devem ser recebidos
com hospitalidade e tratados com respeito."
– O CAIBALION

A razão humana, cujos ditames devemos aceitar na medida em que somos dotados de pensamento, nos ensina como proceder em relação ao TODO, sem, contudo, tentar remover o véu do Incognoscível:

1. O TODO deve ser TUDO o que REALMENTE É. Nada pode ter existência fora do TODO, pois desse modo O TODO não seria O TODO.

2. o TODO deve ser INFINITO, pois nada é capaz de defini-lo, confirmá-lo, limitá-lo ou restringi-lo. Deve ser Infinito no Tempo, ou ETERNO – deve ter existido sempre continuamente, pois não existe nada que possa tê-lo criado alguma vez, e não existe nada que se possa desenvolver a partir do nada, e, se tivesse "não sido" alguma vez, nem mesmo por um momento, ele não "seria" agora – deve existir continuamente para sempre, pois não há nada capaz de destruí-lo, nem mesmo por um instante, uma vez que alguma coisa não pode nunca tornar-se nada. É Infinito no Espaço – deve estar em Toda Parte, pois não há nenhum lugar fora do TODO –, não pode ser senão contínuo no Espaço, sem ruptura, cessação, separação ou interrupção, pois não existe nada capaz de romper, separar ou interromper sua continuidade, e nada com o que "preencher as lacunas". Deve ter um Poder Infinito, ou ser Absoluto, pois não existe nada capaz de limitá-lo, restringi-lo, reprimi-lo, confiná-lo, perturbá-lo ou condicioná-lo – não está sujeito a nenhum outro Poder, pois não existe nenhum outro Poder.

3. o TODO deve ser IMUTÁVEL ou não sujeito à mudança em sua natureza real, pois não há nada capaz de operar mudanças nele; nada em que ele pudesse se transformar, nem a partir do que ele pudesse ter sofrido mudanças; nada pode ser-lhe acrescentado ou subtraído; não pode tornar-se maior ou menor em nenhum aspecto. Deve ter sido sempre, e permanecer sempre exatamente como é agora – o TODO – nunca houve, não há neste momento e nunca haverá nada em que possa se converter.

Por ser o TODO Infinito, Absoluto, Eterno e Imutável, deve certamente concluir-se que qualquer coisa finita, mutável, efêmera e condicionada não pode ser o TODO. E, como não existe nada fora do TODO, na verdade, então todas e quaisquer coisas finitas devem ser NULAS na Realidade. Não se preocupem nem fiquem confusos – não estamos tentando levá-los para o campo da Ciência Cristã sob o disfarce da Filosofia Hermética. Há uma possibilidade de Reconciliação desse estado de coisas aparentemente contraditório. Sejam pacientes, pois lá chegaremos no momento oportuno.

Vemos, ao nosso redor, aquilo a que se dá o nome de "Matéria", que constitui o fundamento físico de todas as formas. Será o TODO simplesmente Matéria? Absolutamente não! A Matéria não é capaz de manifestar a Vida ou a Mente e, uma vez que a Vida e a Mente se manifestam no Universo, o TODO não pode ser Matéria, pois nada pode elevar-se acima de sua própria origem; nada jamais se manifesta como efeito que não esteja na causa – nada existe como consequência que já não seja antecedente. E a Ciência Moderna nos informa que, na verdade, não existe nenhuma coisa que se possa chamar de Matéria – o que chamamos de Matéria é simplesmente uma "energia ou força interrompida", isto é, energia ou força com baixo grau de vibração. Como afirmou recentemente um autor, "A Matéria fundiu-se em Mistério". Até a Ciência Materialista abandonou a teoria da Matéria, e agora repousa sobre a base da "Energia".

Então, o TODO é mera Energia ou Força? Nem Energia nem Força, do modo como os materialistas usam os termos, pois sua energia e força são coisas cegas, mecânicas, privadas de Vida ou

Mente. A Vida ou a Mente não pode evoluir da Energia ou Força cega, pela razão que demos há pouco: "Nada pode elevar-se acima de sua própria origem, nada evolui que não tenha involuído, nada jamais se manifesta como efeito que não esteja na causa". Portanto, o TODO não pode ser mera Energia ou Força, pois, se assim fosse, não haveria na existência coisas tais como Vida e Mente, e sabemos que não é assim, pois estamos vivos e usamos a Mente para examinar essa mesma questão, do mesmo modo como estão os que afirmam que Tudo é Energia ou Força.

O que será, então, superior à Matéria ou Energia de cuja existência temos conhecimento no Universo? VIDA E MENTE! Vida e Mente em todos os seus graus variáveis de conhecimento! "Então, querem nos dizer que o TODO é VIDA e MENTE?" Sim e não! será nossa resposta. Se a pergunta remeter à Vida e à Mente do modo como nós, pobres mortais, as conhecemos, nossa resposta será: Não! o TODO não é isso! E então seremos questionados sobre o tipo de Vida e Mente que pretendemos dar a entender.

A resposta será "MENTE VIVENTE, tão superior a tudo que os mortais conhecem por essas palavras, como a Vida e a Mente são superiores às forças mecânicas, ou à matéria − MENTE VIVENTE INFINITA, em comparação com Mente e Vida finitas". Referimo--nos àquilo que as almas iluminadas querem dizer quando pronunciam reverentemente a palavra "ESPÍRITO"!

O TODO é Mente Vivente Infinita − os Iluminados chamam--na de ESPÍRITO!

Capítulo 5

O Universo Mental

"O Universo é Mental –
contido na Mente do todo."

– O CAIBALION

O TODO é ESPÍRITO! Mas o que é o Espírito? Essa pergunta não tem resposta, uma vez que sua definição é praticamente a mesma do TODO, que não pode ser explicado nem definido. Espírito é simplesmente um nome que os homens dão à concepção mais elevada da Mente Vivente Infinita – significa "Essência Real" –, significa a Mente Vivente, tão superior à Vida e à Mente como as conhecemos, quanto estas últimas são superiores à Energia Mecânica e à Matéria. O Espírito transcende o nosso entendimento, e usamos o termo simplesmente para poder pensar ou falar sobre o TODO. Tendo em vista nosso pensamento e entendimento, estamos certos ao pensar no Espírito como Mente Vivente Infinita, reconhecendo, ao mesmo tempo, que não podemos entendê-lo em sua plenitude. Devemos agir assim ou parar totalmente de pensar sobre a questão.

Façamos, agora, um exame da natureza do Universo, tanto no seu todo como em suas partes. O que é o Universo? Vimos que não pode haver nada fora do TODO. Portanto, o Universo é o TODO? Não, isso não é possível porque o Universo parece ser constituído de MUITAS coisas e está em constante processo de mutação; em outras palavras, não se ajusta às ideias que estamos compelidos a aceitar a respeito do TODO, como deixamos claro em nossa última lição. Portanto, se o Universo não é o TODO, ele deve ser o Nada – e esta é a conclusão inevitável da mente num primeiro momento. Contudo, não podemos ficar satisfeitos com essa resposta, porque somos conscientes da existência do Universo. Portanto, se o Universo não é o TODO, nem o Nada, o que poderá ser? Examinemos mais detalhadamente essa questão.

Se o Universo existe ou parece existir, ele deve proceder, de alguma maneira, do TODO – deve ser uma criação do TODO. Porém, como é impossível que alguma coisa seja criada a partir do nada, o que pode estar na base da criação do TODO? Alguns filósofos responderam a essa pergunta dizendo que o TODO criou o Universo a partir de SI MESMO – isto é, a partir do ser e da substância do TODO. Mas isso não nos será útil, pois o TODO não pode ser subtraído ou dividido, como já vimos aqui; e então, repetindo, se isso fosse verdade, cada partícula do Universo não poderia ignorar seu próprio ser, o TODO. O TODO não poderia perder a consciência de si mesmo, nem tampouco CONVERTER-SE num átomo, numa força cega ou numa coisa de existência desprezível. Alguns homens, na verdade, convencendo-se de que o TODO é realmente TUDO, e também reconhecendo sua própria existência enquanto homens, apressaram-se a concluir que eles e o TODO eram idênticos, proclamando, em altos brados, "EU SOU DEUS", para o divertimento da multidão e o lamento dos sábios. A reivindicação de um corpúsculo de que "Eu sou Homem" seria modesta em comparação.

Mas o que é, na verdade, o Universo, uma vez que não é o TODO nem foi criado pelo TODO quando este se separou em fragmentos? Que outra coisa poderá ser – de que outra coisa poderá ter sido feito? Esta é a grande questão. Examinemo-la cuidadosamente. Sabemos que o "Princípio da Correspondência" (ver Lição I) vem aqui em nosso auxílio. O velho axioma Hermético "Assim em cima como embaixo", pode ser posto a nosso serviço neste ponto. Tentemos obter um vislumbre das operações nos planos superiores mediante o exame dos nossos próprios planos. O Princípio da Correspondência deve aplicar-se tanto a este como a outros problemas.

Vejamos! No seu próprio plano de existência, como é que o Homem cria? Bem, em primeiro lugar ele pode criar fazendo algumas coisas a partir de materiais externos. Mas isso de nada servirá, pois não há materiais fora do TODO com os quais possa criar. Bem, em segundo lugar o Homem procria ou reproduz sua espécie pelo processo de geração, que é uma multiplicação pessoal obtida transferindo-se uma parte de sua substância a sua prole. Mas isso também de nada servirá, porque o TODO não pode transferir ou subtrair uma parte de si mesmo, assim como não é capaz de reproduzir-se ou multiplicar-se – no primeiro caso, haveria um descarte, e no segundo caso uma multiplicação ou adição ao TODO, duas coisas que seriam absurdas. Não há um terceiro modo que permita ao HOMEM criar? Sim, há; ele CRIA MENTALMENTE! E, ao fazê-lo, não usa nenhum material exterior, nem reproduz a si próprio, e, ainda assim, seu Espírito impregna a Criação Mental.

Seguindo o Princípio da Correspondência, estamos certos ao considerar que o TODO cria o Universo MENTALMENTE, de modo semelhante ao processo pelo qual o Homem cria Imagens Mentais. E é exatamente aqui que a voz da Razão está de acordo com a voz dos Iluminados, como nos mostram seus preceitos e escritos. São esses os preceitos dos Sábios. Foi esse o Ensinamento de Hermes.

O TODO não pode criar de nenhuma outra maneira, a não ser mentalmente, sem usar elementos materiais (e não há nada que se preste a tal uso), ou reproduzindo-se a si mesmo (o que também é impossível). Não há como fugir a essa conclusão da Razão, a qual, como dissemos, está em harmonia com os mais elevados preceitos dos Iluminados. Assim como vós podeis criar um Universo próprio em vossa mentalidade, o mesmo pode fazer o TODO. Mas vosso Universo é a criação mental de uma Mente Finita, ao passo que aquele do TODO é a criação de um Infinito. Os dois são de natureza semelhante, mas infinitamente diferentes em grau. Mais adiante, aprofundaremos nosso exame do processo de criação e manifestação. Contudo, desde já é preciso inscrever em vossa mente, com grande firmeza, o seguinte ponto: O UNIVERSO, E TUDO QUE ELE CONTÉM, É UMA CRIAÇÃO MENTAL DO TODO. Em verdade, sem qualquer dúvida, O TODO É MENTE!

"Em sua Mente Infinita, o todo cria incontáveis
universos que existem Eons[11], imensuráveis períodos
de Tempo – e ainda assim, para o todo,
a criação, evolução, declínio e morte de um milhão
de Universos não parece demorar mais que
um simples piscar de olhos."
– O CAIBALION

"A Mente Infinita do todo é a matriz do Universo."
– O CAIBALION

O Princípio de Gênero (ver Lição I e outras ainda por vir) manifesta-se em todos os planos da vida material, mental e espiritual. Porém, como já dissemos, "Gênero" não significa "Sexo" – sexo é simplesmente uma manifestação material de gênero. "Gênero"

---

[11] A palavra *eon* deriva-se do grego ($\alpha\iota\acute{\omega}\nu$), que significa idade, vida, tempo, ciclo gerador, eternidade. *Eons de Tempo* implica uma ideia de Ciclos indeterminados de Tempo. Conforme Fabre d'Olivet Ai (א) é o centro para o qual tende a vontade universal, e *ion* (יון) é o ente passando da potência ao ato; em sentido restrito, é uma coisa indeterminada, sem formas definidas, sem fixidez. A palavra *eon*, ($\alpha\iota\acute{\omega}\nu$), representa, pois, o tempo que emprega a vontade universal para atingir o seu fim, que é a entrada no seio do TODO. (N. do T.)

significa "relativo à geração ou criação." E onde qualquer coisa for gerada ou criada, em qualquer plano, o Princípio de Gênero deve se manifestar. E isso é igualmente verdadeiro na criação de Universos.

Contudo, você não deve concluir apressadamente que estamos ensinando que existe um Deus, ou Criador, macho ou fêmea. Essa ideia não passa de uma deturpação dos antigos preceitos sobre o assunto. O verdadeiro ensinamento é que, em si mesmo, o TODO está acima do Gênero, assim como está acima de qualquer outra Lei, inclusive daquelas que regem o Tempo e o Espaço. Ele é a Lei de onde procedem todas as Leis, e não se submete a elas. Porém, quando o TODO se manifesta no plano de geração ou criação, sua postura harmoniza-se com a Lei e o Princípio, uma vez que está se movendo sobre um plano inferior de existência. E, por conseguinte, é evidente que manifesta o Princípio de Gênero, em seus aspectos Masculino e Feminino, sobre o Plano Mental.

Essa ideia pode parecer alarmante a alguns leitores que dela tomam conhecimento pela primeira vez, mas, na verdade, todos eles já a aceitaram passivamente em suas concepções cotidianas. Falam sobre a Paternidade de Deus e a Maternidade da Natureza – sobre Deus, o Divino Pai, e a Natureza, a Mãe Universal – e, ao fazê-lo, reconhecem instintivamente o Princípio de Gênero no Universo. Não é verdade?

Contudo, a Doutrina Hermética não implica uma dualidade real – o TODO é UM – os Dois Aspectos são meros aspectos de manifestação. O ensinamento é que o Princípio Masculino manifestado pelo TODO se encontra, em certo sentido, separado da verdadeira criação mental do Universo. Ele projeta seu Desejo no

Princípio Feminino (que pode ser chamado de "Natureza"), em consequência do que este último inicia o verdadeiro trabalho da evolução do Universo, de simples "centros de atividade" até o homem, e depois subindo ainda mais, tudo de acordo com Leis da Natureza bem estabelecidas e rigorosamente aplicadas. Se o leitor preferir os antigos modos de expressão, poderá considerar o Princípio Masculino como DEUS, o Pai, e o Princípio Feminino como NATUREZA, a Mãe Universal, de cuja fonte todas as coisas foram geradas. Isso é mais que uma figura poética da linguagem – é uma ideia do verdadeiro processo de criação do Universo. Mas ele deverá ter sempre em mente que o TODO não é senão Um, e que em sua Mente Infinita o Universo é gerado, criado e existe concretamente.

A aplicação da Lei da Correspondência ao leitor e à sua própria mente poderá ajudá-lo a chegar à ideia apropriada. Sabe-se que, em certo sentido, aquilo que uma pessoa chama de "Eu" permanece à parte e testemunha a criação de Imagens Mentais em sua própria mente. A parte de sua mente em que se realiza a geração mental pode ser chamada de "Mim", para distingui-la do "Eu" que permanece à parte e testemunha e examina os pensamentos, ideias e imagens do "Mim". Não devemos nos esquecer de que "Assim em cima como embaixo", nem de que os fenômenos de um plano podem ser empregados na solução dos enigmas de planos superiores ou inferiores.

Será estranho que o Leitor, a criança, sinta essa reverência instintiva pelo TODO, sentimento que chamamos de "religião" – esse respeito e reverência pela MENTE-PAI? Será estranho que, ao considerar as obras e as maravilhas da Natureza, ele seja dominado por uma poderosa sensação cujas raízes se encontram nos recessos mais profundos de seu ser? É a MENTE-MÃE que ele aperta fortemente contra seu seio, como faz a mãe com seu filho.

Tampouco devemos cometer o erro de crer que o pequeno mundo que vemos ao nosso redor, a Terra, que é simplesmente um grão de areia em comparação com o Universo, seja o próprio Universo. Existem milhões de mundos semelhantes e maiores. Há milhões e milhões de Universos iguais em existência dentro da Mente Infinita do TODO. E mesmo no nosso pequeno Sistema Solar há regiões e planos de vida mais elevados que os nossos, e entes, em comparação aos quais nós, míseros mortais, somos como as viscosas formas de vida que vivem no leito do oceano, comparadas ao Homem. Há seres com poderes e qualidades muito superiores aos que o Homem jamais sonhou que pudessem ser posse e atributo dos deuses. Não obstante, esses seres foram outrora como vós, e ainda mais inferiores; com o tempo, porém, seremos iguais a eles, ou mesmo superiores, porque esse é o Destino do Homem, como dizem os Iluminados.

E a Morte não é real, mesmo no sentido relativo do termo – ela nada mais é que o Nascimento para uma nova vida – subiremos mais alto, cada vez mais alto, em direção a planos de vida cada vez mais elevados, por períodos imensuráveis de tempo. O Universo é nossa morada, e exploraremos seus mais profundos recessos antes do fim dos Tempos. Habitamos a Mente Infinita do TODO, e nossas possibilidades e oportunidades são infinitas, tanto no tempo como no espaço. E, ao fim do Grande Ciclo de Éons, quando o TODO atrair a si todas as suas criações, seguiremos com alegria, pois então nos será dada a conhecer a Verdade Total de ser Um com o TODO. Assim falam os Iluminados – aqueles que avançaram muito ao longo do Caminho.

E, enquanto isso, descansemos com paz e serenidade – estaremos seguros e protegidos pelo Poder Infinito da MENTE PAI-MÃE.

"Dentro da Mente Pai-Mãe,
os filhos mortais estão em sua morada."
– O CAIBALION

"No Universo não há ninguém
que não tenha Pai ou Mãe."
– O CAIBALION

Capítulo 6

O Paradoxo Divino

"Os falsos sábios, reconhecendo a irrealidade
comparativa do Universo, imaginam que podem
desafiar suas leis – estes são loucos, vãos e
presunçosos que se arrebentam contra as
rochas e são despedaçados pelos
elementos devido a sua loucura.
O verdadeiro sábio, conhecedor da natureza
do Universo, emprega a Lei contra as leis;
o superior contra o inferior;
e, pela Arte da Alquimia, transmuta as coisas
indesejáveis no que é precioso, o que o faz triunfar.
O Domínio não consiste em sonhos anormais, em
visões e ideias fantásticas, mas sim no uso das forças

superiores contra as inferiores – escapando dos
sofrimentos dos planos inferiores mediante vibrações
nos planos superiores. A Transmutação, e não a
negação presunçosa, é a arma do Mestre."

– O CAIBALION

E ste é o Paradoxo do Universo, que resulta do Princípio da Polaridade que se manifesta quando o TODO começa a Criar. É preciso segui-lo com atenção, pois assinala a diferença entre a falsa e a verdadeira sabedoria. Quanto ao TODO INFINITO, o Universo, suas Leis, seus Poderes, sua Vida e seus Fenômenos, são como coisas testemunhadas no estado de Meditação ou Sonho; para tudo o que é Finito, porém, o Universo deve ser tratado como Real, e a vida, a ação e o pensamento devem ser baseados nele, de modo a concordar com um entendimento da Verdade Superior, cada qual de acordo com seu próprio Plano e Leis. Se o TODO fosse imaginar que o Universo fosse, de fato, real, então pobre do Universo, pois ele não teria nenhuma rota de fuga do inferior para o superior, em direção ao divino – e desse modo o Universo se tornaria fixo e o progresso passaria a ser uma impossibilidade.

E se o Homem, devido a uma falsa sabedoria, considerar as ações, as vidas e os pensamentos do Universo como um mero sonho (semelhante aos seus próprios sonhos finitos), esse Universo se tornaria verdadeiramente assim para ele e, como um sonâmbulo que gira em falso e tropeça num círculo vicioso, sem fazer nenhum progresso e vendo-se forçado, ao final, a despertar ferido e vertendo sangue em resultado das Leis Naturais que havia ignorado. Conservem sua mente sempre voltada para a Estrela, mas permaneçam atentos aos vossos passos, para não caírem no lodaçal, em razão de vosso olhar permanentemente voltado para o alto. Não se esqueçam do Paradoxo Divino segundo o qual o Universo é e NÃO É. Lembrem-se sempre dos Dois Polos da Verdade – o Absoluto e o Relativo. E muito cuidado com as Meias Verdades.

Aquilo que os Hermetistas conhecem como "a Lei do Paradoxo" é um aspecto do Princípio da Polaridade. Os escritos Herméticos estão cheios de referências ao aparecimento do Paradoxo na consideração dos problemas da Vida e da Existência. Os Instrutores previnem constantemente os seus discípulos contra o erro de omitir o "outro lado" de cada questão. E as suas admoestações se referem particularmente aos problemas do Absoluto e do Relativo, que deixam perplexos todos os estudantes de Filosofia, e que levam tantos a pensar e agir contrariamente ao que em geral se conhece como "senso comum". E precavemos todos os discípulos, advertindo-os a adquirir uma compreensão profunda do Paradoxo Divino do Absoluto e do Relativo, para não se deixarem atolar no lodaçal da Meia Verdade. Esta lição particular foi escrita com esse objetivo. É preciso aprendê-la bem!

A primeira ideia que ocorre ao bom pensador, depois de ele ter compreendido bem a verdade que o Universo é uma Criação Mental do TODO, é que o Universo, e tudo o que ele contém, é mera ilusão, irrealidade; ideia contra a qual os seus instintos se rebelam. Contudo, esta e todas as outras grandes verdades podem ser consideradas a partir dos pontos de vista Absoluto e Relativo. Do ponto de vista Absoluto, quando comparado com o TODO em si, o Universo tem a natureza de uma ilusão, um sonho, uma fantasmagoria. Reconhecemos esse fato, inclusive, do nosso ponto de vista ordinário, porque falamos do mundo como "um espetáculo transitório" que vai e vem, nasce e morre, pois o elemento de impermanência e mudança, limitação e insubstancialidade, deve estar sempre associado à ideia de um Universo criado, quando ele se opõe à ideia do TODO, sejam quais forem nossas crenças a respeito de ambos. Filósofos, metafísicos, cientistas e teólogos estão, todos, de acordo com essa ideia, e a reencontramos em todas as formas de pensamentos filosóficos e concepções religiosas, assim como nas teorias das respectivas escolas de metafísica e teologia.

Assim, os Preceitos Herméticos não pregam a insubstancialidade do Universo com palavras mais altissonantes do que aqueles com as quais estamos familiarizados, ainda que seu modo de apresentar o tema possa parecer uma coisa mais assustadora. Em certo sentido, qualquer coisa que tenha um começo e um fim pode ser irreal e não verdadeira, e o Universo está sujeito à regra em todas as escolas de pensamento. Do ponto de vista Absoluto, nada há de Real a não ser o TODO, sejam quais forem os termos que usemos em nossas reflexões ou discussões sobre o tema. Quer o Universo seja criado de Matéria, quer seja uma Criação Mental na Mente do TODO, ele é insubstancial, impermanente, uma coisa de tempo, espaço e mudança. O leitor deve compreender esse fato em sua totalidade antes de emitir qualquer juízo de valor sobre a concepção Hermética da natureza Mental do Universo.

Deve também examinar cada uma das outras concepções, para ver se o que sobre elas afirmamos não é verdadeiro.

Contudo, o ponto de vista Absoluto nos mostra um só lado da imagem; o outro lado é o Relativo. A Verdade Absoluta foi definida como "as Coisas como a mente de Deus as conhece", ao passo que a Verdade Relativa são "as Coisas como a mais elevada razão do Homem as compreende". Assim, enquanto para o TODO o Universo é irreal e ilusório, um mero sonho ou o resultado de uma meditação, para as mentes finitas que fazem parte desse mesmo Universo e o observam através das suas faculdades mortais, ele é verdadeiramente real e assim deve ser considerado. Ao reconhecer o ponto de vista Absoluto, não devemos cometer o erro de negar ou ignorar os fatos e fenômenos do Universo tal como se apresentam às nossas faculdades mortais: lembremo-nos de que não somos o TODO.

Para dar exemplos bem conhecidos, todos admitimos que a Matéria "existe" para os nossos sentidos, e estaríamos errados se não o fizéssemos. E, inclusive, até nossa mente finita compreende o postulado científico de que a Matéria não existe do ponto de vista científico; o que chamamos de Matéria deve ser considerado como uma agregação de átomos que constituem, em si mesmos, nada além de um agrupamento de unidades de força chamadas elétrons e íons[12], que estão em constante vibração e movimento circular.

---

[12] *Íon*, vocábulo grego: ('Ιον), a violeta. No sentido restrito esta palavra significa violeta. O seu verdadeiro significado é dado por Fabre d'Olivet. Diz este autor em sua obra *Língua Hebraica Restituída* (Dicionário Radical): (ןוי) (ÍON). O ente passando da potência ao ato, o ente manifestado. É em sentido extenso a *faculdade geradora da*

Golpeamos uma pedra com o pé e sentimos o impacto – parece ser real, mas é simplesmente o que dissemos acima. Mas não nos esqueçamos de que nosso pé, que sente o impacto por meio do nosso cérebro, é igualmente Matéria, constituído, portanto, de elétrons e, nesse sentido, o mesmo se pode dizer do nosso cérebro. E, no melhor dos casos, não fosse por nossa Mente, não teríamos a menor condição de reconhecer o pé ou a pedra.

Assim, o ideal do artista ou escultor, que ele tanto se empenha em reproduzir na tela ou no mármore, parece-lhe verdadeiramente real. Assim se produzem os personagens na mente do autor ou dramaturgo, o qual procura expressá-los de modo que os outros possam reconhecê-los. E se isto é verdade no caso da nossa mente finita, qual não será o grau de Realidade nas Imagens Mentais criadas na Mente do Infinito? Ah, meus amigos, para os mortais esse Universo de Mentalidade é verdadeiramente real; é o único a que jamais teremos acesso, ainda que nos elevemos por toda uma sucessão de planos, de um grau superior a outro ainda mais superior. Para conhecê-lo de outro modo, como o prova nossa experiência atual, teríamos de ser o TODO mesmo. É verdade que, quanto mais nos elevarmos na escala – quanto mais nos aproximarmos da "mente do Pai" –, mais evidente se tornará a natureza ilusória das coisas finitas, mas, enquanto o TODO não nos absorver finalmente em si, a visão atual não irá desaparecer.

---

natureza, a *força plástica*: em sentido mais restrito é uma coisa indeterminada, mole, dócil, fácil, própria para receber todas as formas." Tal é a matéria antes de formar os átomos e as moléculas. (N. do T.)

Portanto, não precisamos nos deter sobre a natureza da ilusão. Agora que reconhecemos a natureza real do Universo, procuremos compreender suas leis mentais e nos esforcemos em empregá-las para obter o melhor resultado para nosso progresso na vida, ao caminharmos de um plano de existência a outro plano. As Leis do Universo não são menos férreas devido a sua natureza mental. Tudo, exceto o TODO, é regido por elas. Aquilo que está NA MENTE INFINITA DO TODO é REAL em grau relativo somente a essa Realidade em si, que faz parte absoluta da natureza do TODO, sem qualquer contingência.

Assim, não vos sintais inseguros ou temerosos – somos todos PARTES INTEGRANTES DA MENTE INFINITA DO TODO e nada nos pode prejudicar ou intimidar. Fora do TODO, não há força capaz de agir sobre nós. Podemos, pois, ficar calmos e tranquilos. Assim que dela nos apercebermos, veremos que há todo um mundo de conforto e tranquilidade nessa constatação. Então dormiremos em paz, "calmos e tranquilos, embalados no Berço do Abismo[13]", repousando a salvo e com segurança no Oceano da Mente Infinita, que é o TODO. O TODO é, de fato, o lugar onde "vivemos e nos movemos com todo o nosso ser".

A Matéria também é Matéria para nós enquanto habitamos o plano da Matéria, apesar de sabermos que ela não passa de uma

---

[13] *Abismo*, em nosso idioma, *abysmus*, em latim. Do grego ''Αβυσσος, de ά negativo e (βύσσος), fundo, isto é, *sem fundo*. Esta palavra era empregada pelos gnósticos para representar Aquele que não tem Espaço nem Tempo, a Imensidade do TODO. (N. do T.)

agregação de "elétrons" ou partículas de Força, que vibram rapidamente e giram umas ao redor das outras na formação de átomos: os átomos, por sua vez, vibram e giram formando moléculas que, por sua vez, formam as grandes massas de Matéria. A Matéria não se converte em Matéria inferior, quando levamos a pesquisa ainda mais longe, e aprendemos dos Preceitos Herméticos que a "Força", da qual os elétrons são unidades, é simplesmente uma manifestação da mente do TODO e, como tudo o mais no Universo, é de natureza puramente Mental. Enquanto estivermos no Plano da Matéria, devemos reconhecer seus fenômenos – podemos controlá-la (como fazem todos os Mestres de maior ou menor grau), mas devemos fazê-lo aplicando as forças superiores. Cometemos uma loucura quando tentamos negar a existência da Matéria em seu aspecto relativo. Podemos negar o seu domínio sobre nós – e estaremos agindo corretamente ao assim proceder –, mas não devemos ignorá-la em seu aspecto relativo, pelo menos enquanto estivermos em seu plano.

As Leis da Natureza não se tornam menos constantes ou efetivas quando as conhecemos, igualmente, como meras criações mentais. Elas estão em pleno efeito nos diversos planos. Nós superamos as leis inferiores aplicando leis superiores – e exclusivamente dessa maneira. Contudo, não podemos fugir à Lei, nem nos elevarmos totalmente por sobre elas. Nada, a não ser O TODO, pode fugir à lei – e isso porque O TODO é a LEI em si, de onde derivam todas as outras Leis. Os Mestres mais avançados podem adquirir os poderes geralmente atribuídos aos deuses dos homens;

e há incontáveis categorias de ser, na grande hierarquia da vida, cuja existência e poder transcendem os dos mais elevados Mestres entre os homens num grau impensável para os mortais; contudo, o mais elevado Mestre e o mais elevado Ser devem curvar-se à Lei e ser como Nada aos olhos do TODO. Portanto, se mesmo esses Seres mais elevados, cujos poderes excedem até aqueles atribuídos pelos homens a seus deuses – se até esses Seres mais elevados estão subordinados à Lei, imaginai a presunção do homem mortal, da nossa raça e do nosso grau, quando ousa considerar as Leis da Natureza como "irreais", visionárias e ilusórias, porque chegou a compreender a verdade de que as Leis são de natureza mental e simples Criações Mentais do TODO. Essas Leis, às quais o TODO atribuiu a função de governar, não podem ser desafiadas nem questionadas. Elas durarão enquanto o Universo durar – porque o Universo só existe em virtude dessas Leis, que formam o seu arcabouço e o mantêm unido.

Embora explique a verdadeira natureza do Universo mediante o princípio de que tudo é mental, o Princípio Hermético do Mentalismo não muda as concepções científicas do Universo, da Vida ou da Evolução. Com efeito, a ciência simplesmente corrobora os Preceitos Herméticos. Esses preceitos ensinam que a natureza do Universo é "Mental", conquanto a ciência moderna ensine que é "Material"; ou (nos últimos tempos) que é Energia, em última análise. Os Preceitos Herméticos não incorrem no erro de refutar os princípios básicos de Herbert Spencer, que afirmam a existência de uma "Energia Infinita e Eterna da qual todas as coisas procedem".

Com efeito, os Hermetistas reconhecem na filosofia de Spencer a mais elevada exposição das operações das Leis Naturais que foram promulgadas até hoje, e eles acreditam que Spencer foi uma reencarnação de um antigo filósofo que viveu no Egito, milhares de anos antes, e que posteriormente encarnou como Heráclito, filósofo grego que viveu em 500 a.C. E eles consideram que sua afirmação da "Energia Infinita e Eterna" está perfeitamente de acordo com os Preceitos Herméticos, sempre com o acréscimo de sua própria doutrina, segundo a qual essa "Energia" (de Spencer) é a Energia da Mente do TODO. Com a Chave Mestra da Filosofia Hermética, o seguidor de Spencer poderá abrir várias portas das concepções filosóficas internas do grande filósofo inglês, cuja obra apresenta os resultados da preparação das suas encarnações precedentes. Seus preceitos sobre a Evolução e o Ritmo estão em consonância quase perfeita com os Preceitos Herméticos que remetem ao Princípio do Ritmo.

Assim, o estudante do Hermetismo não deve desprezar nenhum de seus pontos de vista científicos favoritos a respeito do Universo. Tudo que se lhe pede que faça consiste em apreender o princípio subjacente de que "o TODO é Mente; o Universo é Mental – está contido na Mente do TODO". Ele se dará conta de que os outros seis dos Sete Princípios irão "ajustar-se" a seus conhecimentos científicos e servirão para trazer à luz pontos obscuros.

Nada nos deve parecer estranho ao encontrarmos a influência do pensamento Hermetista nos primitivos filósofos gregos, em cujas ideias fundamentais se baseiam, em grande parte, as teorias da ciência moderna. A aceitação do Primeiro Princípio Hermético (o do Mentalismo) é o único grande ponto de diferença entre a Ciência Moderna e os estudantes Hermetistas, e a Ciência vem se aproximando aos poucos das posições herméticas na marcha cega que ela empreende para encontrar um caminho que a tire do Labirinto em que tem vagado em sua busca pela Realidade.

O objetivo desta lição é gravar na mente dos nossos estudantes o fato de que, para todos os intentos e propósitos, o Universo e suas leis, assim como seus fenômenos, são exatamente tão REAIS, naquilo que diz respeito ao Homem, como o seriam na hipótese do Materialismo ou do Energismo. Sob qualquer hipótese o Universo, no seu aspecto exterior, é mutável, sempre cambiante e transitório – e, por esse motivo, privado de substancialidade e realidade. Mas (estejam atentos ao outro polo da verdade), sob qualquer das mesmas hipóteses, somos compelidos a AGIR E VIVER como se as coisas transitórias fossem reais e substanciais. Sempre com a diferença, entre as diversas hipóteses – que, para os antigos pontos de vista, o Poder Mental era ignorado como Força Natural, ao passo que, do ponto de vista do Mentalismo, ele se torna a Maior Força Natural. E essa diferença revoluciona a Vida daqueles que compreendem o Princípio, as leis e as práticas que dele procedem.

E assim, finalmente, todos os discípulos devem compreender as vantagens do Mentalismo e aprender a conhecer, usar e aplicar as leis que dele resultam. Não devem, porém, ceder à tentação que, como afirma *O Caibalion*, domina os falsos sábios e faz com que se deixem hipnotizar pela aparente irrealidade das coisas, tendo como consequência o fato de vagarem pelas sombras, vivendo num mundo de sonhos, ignorando o trabalho prático e a vida do homem até que, no fim das contas "sejam lançados de encontro às rochas e despedaçados pelos elementos, por conta da sua loucura". Melhor é seguir o exemplo do sábio, como recomenda a mesma autoridade (*O Caibalion*): "Use a Lei contra as Leis"; o superior contra o inferior; e, pela Arte da Alquimia, transforme as coisas abjetas em valiosas, e será assim que alcançarás o triunfo". Seguindo a autoridade, combatamos também a falsa sabedoria (que não passa de loucura) que ignora a verdade segundo a qual: "A Mestria não se manifesta por meio de sonhos anormais, visões ou ideias fabulosas, mas recorre às forças superiores contra as inferiores – evitando os sofrimentos dos planos inferiores mediante vibrações nos planos superiores". Tenham sempre em mente, discípulos, que a "Transmutação, e não a negação presunçosa, é a arma do Mestre". As citações acima foram extraídas de *O Caibalion*, e seriam de extrema importância para todos os adeptos que as conseguissem fixar na memória.

Não vivemos num mundo de sonhos, mas sim num Universo que, embora relativo, é real na medida em que diz respeito a nossa vida e nossas ações. A nossa razão de ser no Universo não é negar sua existência, mas sim VIVER, usando as Leis para nos elevar dos graus inferiores aos graus superiores, dando o melhor de nós nas circunstâncias que surgem a cada dia e vivendo – na medida do possível – conforme nossas ideias e ideais mais elevados. O verdadeiro Sentido da Vida não se dá a conhecer ao homem nesse plano

– as maiores autoridades e a nossa própria intuição nos dizem que não cometeríamos erro ao viver da melhor maneira e realizando a tendência Universal na mesma direção, em que pesem as aparentes evidências em contrário. Todos estamos no Caminho – e a estrada conduz sempre para cima, com frequentes locais de repouso.

Leiam a Mensagem de *O Caibalion* – e sigam o exemplo do "sábio", evitando os erros do "falso sábio", que perece por conta de sua loucura.

Capítulo 7

"O Todo" em Tudo

"Enquanto Tudo está no todo, também é verdade
que o todo está em Tudo. Aquele que compreende
realmente essa verdade alcançou
o grande conhecimento."
– O CAIBALION

Quantas vezes a maioria das pessoas ouviu repetir a declaração que a sua Divindade (chamada por muitos nomes) era "Todo em Tudo", e com que frequência e intensidade não desconfiaram elas da verdade oculta, encoberta por essas palavras tão descuidadamente pronunciadas? A expressão comumente usada é uma lembrança da antiga Máxima Hermética acima citada. Como diz *O Caibalion:* "Aquele que compreende realmente esta verdade alcançou o grande conhecimento". E, sendo assim, examinemos agora essa verdade, cuja compreensão é tão plena de significado. Nessa exposição da verdade – essa Máxima Hermética – oculta-se uma das maiores verdades filosóficas, científicas e religiosas.

Explicamos ao leitor o Preceito Hermético acerca da Natureza Mental do Universo – a verdade segundo a qual "o Universo é Mental – está dentro da Mente do TODO". Diz *O Caibalion* na passagem citada acima: "Tudo está no TODO". Mas atente-se também para a declaração correlata em que se afirma: "Também é verdade que o TODO está em TUDO". Essa declaração aparentemente contraditória é reconciliável pela Lei do Paradoxo. Trata-se, aliás, de uma exata Declaração Hermética das relações que existem entre o TODO e o seu Universo Mental. Vimos que "Tudo está no TODO", vejamos agora o outro aspecto da questão.

Segundo os Preceitos Herméticos, o TODO é Imanente ("tem permanência intrínseca; é inerente; habita") no seu Universo, assim como em cada parte, partícula, unidade ou combinação dentro do Universo. Essa afirmação é geralmente explicada pelos Professores por meio de uma alusão ao Princípio da Correspondência. O Professor ensina o discípulo a formar uma Imagem Mental de uma coisa, uma pessoa ou uma ideia, alguma coisa que tenha uma forma mental; o exemplo favorito é o do autor ou do dramaturgo que forma para si uma ideia de seus personagens, ou o do pintor ou escultor no processo de criação da imagem de um ideal que ele procura exprimir em sua arte. Em cada caso, o discípulo descobrirá que, enquanto a imagem tem sua existência e seu ser unicamente dentro de sua própria mente, ainda assim ele – o estudante, o autor, o dramaturgo, o pintor ou o escultor, é também, em certo sentido, imanente à imagem mental em que permanece e habita. Em outras palavras, toda a virtude, vida, espírito e realidade da imagem mental é derivada da "mente imanente" do pensador. Aquele que refletir sobre isto por um momento não demorará a apreender a ideia aí contida.

Para tomarmos um exemplo moderno, digamos que Otelo, Iago, Hamlet, Lear e Ricardo III, existiram somente na mente de Shakespeare, no tempo da sua concepção ou criação. E ainda, Shakespeare também existiu em cada um desses personagens, dando-lhes seu espírito, sua vitalidade e ação. Qual é o "espírito" dos personagens que conhecemos como Wilkins Micawber, Oliver Twist, Uriah Heep; será Dickens, ou cada um desses personagens terá um espírito pessoal, independente do seu criador? Têm a Vênus de Médici, a Madona Sistina, o Apolo de Belvedere, espírito e realidade próprios, ou são representantes do poder espiritual e mental de seus criadores? A Lei do Paradoxo demonstra que as duas proposições são verdadeiras, consideradas a partir de dois pontos de vista apropriados. Micawber é ao mesmo tempo Micawber e Dickens. E, de novo, conquanto se possa dizer que Micawber é Dickens, não há identidade entre Dickens e Micawber. O homem, como Micawber, pode exclamar: "O Espírito do meu Criador é inerente em mim – e, no entanto, eu não sou ELE!" Como isso é diferente da meia verdade tão clamorosamente apregoada pelos falsos sábios, que varre os ares com gritos estridentes do tipo "Eu sou Deus!". Imaginai o pobre Micawber ou o sorrateiro Uriah

Heep, gritando: "Eu sou Dickens"; ou, em algumas peças de Shakespeare, um bufão que anuncia, com grandiloquência, que "Eu sou Shakespeare!". O TODO está no verme, mas este está longe de ser o TODO. E, ainda assim, persiste a maravilha de que, embora o verme exista unicamente como uma coisa inferior, criada e existente no interior da Mente do TODO – ele, o TODO, é imanente à minhoca e às partículas que a constituem. Haverá algum mistério maior do que este do "Tudo no TODO, e o TODO em Tudo?

O estudante certamente perceberá que os exemplos dados acima são necessariamente imperfeitos e inadequados, uma vez que representam a criação de imagens mentais em mentes finitas, ao passo que o Universo é uma criação da Mente Infinita – e a diferença entre os dois polos as separa. E, no entanto, tudo é simplesmente uma questão de grau – o mesmo Princípio está em operação – o Princípio da Correspondência se manifesta de um lado e do outro – "Assim em Cima como Embaixo"; Assim Embaixo como em Cima".

E, na medida em que o Homem se dê conta da existência do Espírito Inerente, imanente dentro de seu ser, ele subirá na escala espiritual da vida. Esse é o significado de "desenvolvimento espiritual" – o reconhecimento, a realização e a manifestação do Espírito dentro de nós. Procure não se esquecer nunca desta última definição. Ela contém a Verdade da Verdadeira Religião.

Existem muitos planos de Existência, muitos subplanos de Vida, muitos graus de existência no Universo. E tudo depende do avanço dos seres na escala, que em sua extremidade inferior é a matéria mais grosseira, e a superior só é separada pela divisão mais sutil do ESPÍRITO do TODO. E, para cima e adiante, no transcurso dessa escala da vida, tudo está em movimento. Tudo está no caminho, cujo fim é o TODO. Todo progresso é uma Volta à Morada. Tudo vai para cima e adiante, apesar de todas as aparências enganosamente contraditórias. Essa é a mensagem dos Iluminados.

Os Preceitos Herméticos relativos ao processo da Criação Mental do Universo ensinam que, no começo do Ciclo de Criação, o TODO, em seu aspecto de "Ser", projeta a sua Vontade sobre seu aspecto de "Vir a Ser", e inicia-se o processo de criação. Ensina-se que o processo consiste no rebaixamento da Vibração até que se alcance um grau muito baixo de energia vibratória, quando então se manifesta a forma mais grosseira de Matéria possível. Esse processo é chamado de "estágio de Involução", em que o TODO se torna "implicado" ou "envolvido" em sua criação. Os Hermetistas acreditam que esse processo tem uma Correspondência com o processo mental de um artista, escritor ou inventor, que se envolve tão estreitamente com sua própria criação mental que quase se esquece de sua própria existência e que, durante esse período provisório, quase "vive em sua criação". Se, em vez de "envolvido", usarmos a palavra "extasiado", talvez possamos dar uma melhor ideia do que pretendemos dizer.

Esse estágio Involuntário da Criação é às vezes chamado de "Efusão" da Energia Divina, assim como o estado Evolutivo é às vezes chamado de "Infusão". Considera-se que o polo extremo do processo Criativo seja o mais distanciado do TODO, enquanto o início do estágio Evolutivo é tido como o princípio da oscilação de retorno de pêndulo do Ritmo – uma ideia de "volta à casa" que se encontra em todos os Preceitos Herméticos.

Os Preceitos ensinam que, durante a "Efusão", as vibrações tornam-se cada vez mais baixas até que, finalmente, o impulso cessa e a oscilação de retorno tem início. Mas há uma diferença: enquanto na "Efusão" as forças criadoras se manifestam compactamente e como um TODO, desde o início do estágio Evolutivo ou de "Absorção" manifesta-se a Lei da Individualização – isto é, a tendência a separar em Unidades de Força, até que finalmente aquilo que se separou do TODO como energia não individualizada retorne à sua origem como incontáveis Unidades de Força poderosamente desenvolvidas, depois de ter alcançado os mais altos graus da escala por meio da Evolução Física, Mental e Espiritual.

Os antigos Hermetistas usam a palavra "Meditação" para descrever o processo da criação mental do Universo na Mente do TODO; também empregam frequentemente a palavra "Contemplação". Contudo, a ideia pretendida parece ter sido aquela do uso da Atenção Divina. A palavra "Atenção" provém de uma raiz latina que significa "estender-se, desdobrar-se", portanto, o ato de Atenção é realmente um "desdobramento, uma extensão" da energia mental, de modo que a ideia subjacente é prontamente entendida quando examinamos o significado real da "Atenção".

Os Preceitos Herméticos acerca do processo de Evolução são os que apresentamos a seguir: o TODO, tendo refletido sobre o princípio da Criação – tendo, assim, estabelecido os fundamentos materiais do Universo, tendo-o trazido à existência por meio de sua formulação mental, gradualmente desperta da sua Meditação e, assim, começa a manifestar o processo de Evolução nos planos material, mental e espiritual, sucessivamente e em ordem. É assim que começa o movimento de ascensão – e tudo passa a mover-se em direção ao espiritual. A Matéria torna-se menos grosseira; as Unidades passam a existir; as combinações começam a se formar; a Vida aparece e manifesta-se em formas cada vez mais elevadas, e a Mente entra em processo de evidência cada vez maior; as vibrações aumentam cada vez mais rapidamente. Em suma, todo o processo da Evolução, em todas as suas fases, tem início e realiza-se de acordo com as Leis estabelecidas do processo de "Infusão". Tudo isso ocupa imensuráveis éons do tempo do Homem, cada um dos quais contém incontáveis milhões de anos. Ainda assim, porém, os Iluminados nos ensinam que a criação completa de um Universo, aí incluídas a Involução e a Evolução, mal chega a ser "um piscar de olhos" para o TODO. No fim dos inúmeros ciclos de *éons* de tempo, o TODO afasta sua Atenção, sua Contemplação e Meditação do Universo, pois a Grande Obra está terminada – e Tudo se retira para o TODO, de onde proveio. Contudo, ó Mistério dos Mistérios! – o Espírito de cada alma não é aniquilado, mas sim infinitamente expandido; confundem-se a Criatura e o Criador. Tal é o relato do Iluminado!

O exemplo acima apresentado da "meditação", e do subsequente "despertar da meditação" do TODO, é sem dúvida apenas uma tentativa, da parte dos Mestres, para descrever o processo Infinito por um exemplo finito. E, ainda: "Assim em Cima como Embaixo". Existe apenas uma diferença de grau. E, assim como o TODO abandona sua meditação sobre o Universo, com o tempo o Homem também deixa de manifestar-se no Plano Material e aprofunda-se cada vez mais no Espírito inerente, que é, na verdade, "O Ego Divino".

Há outra questão sobre a qual desejamos vos informar nesta lição, e por pouco ela não invade o terreno especulativo da Metafísica, embora nosso objetivo seja tão somente mostrar a futilidade dessa especulação. Aludimos à questão que inevitavelmente vem à mente de todos os pensadores que se aventuraram a investigar a Verdade. A pergunta é: "POR QUE O TODO cria os Universos?" A pergunta pode ser feita de diferentes maneiras, mas a que vai acima é o ponto fundamental da indagação.

Os homens empenharam-se em responder a essa pergunta, mas ainda não há resposta digna do nome. Alguns imaginaram que o TODO tinha algo a ganhar com isso, o que é absurdo, pois o que poderia ganhar o TODO que já não possuísse? Outros buscaram a resposta na ideia de que o TODO "queria ter alguma coisa para amar", e outros responderam que ele o havia criado por prazer ou divertimento, ou porque "estava solitário", ou para manifestar seu poder. Todas essas explicações e respostas são pueris, pertencentes ao período infantil do pensamento.

Outros procuraram explicar o mistério com base no pressuposto de que o TODO se vira "obrigado" a criar, em virtude de sua própria "natureza interna" – seu "instinto criador". Essa ideia é mais avançada que as demais, mas seu ponto fraco está no fato de que o TODO possa ser "obrigado" por qualquer coisa, quer interna, quer externa. Se sua "natureza interior" ou seu "instinto criador" o obrigou a fazer qualquer coisa, então a "natureza interna" ou o "instinto criador" seria o Absoluto, em vez do TODO; desta perspectiva, porém, uma parte da proposição cai por terra. E, no entanto, o TODO cria e manifesta, e parece encontrar algum tipo de satisfação em fazê-lo. E é difícil fugir à conclusão de que, em algum grau infinito, deve haver no homem alguma coisa que corresponda a uma "natureza interior" ou a um "instinto criador", com um desejo e uma vontade correspondentemente infinitos. Não poderia Agir, a menos que Quisesse Agir, e não poderia Querer Agir a menos que Desejasse Agir; e não Desejaria Agir a menos que isso lhe desse alguma Satisfação. E todas essas coisas pertenceriam a uma "Natureza Interior", e poderiam ser postuladas como se estivessem de acordo com a Lei de Correspondência. Ainda assim, porém, preferimos pensar no TODO como se sua atuação fosse totalmente LIVRE de qualquer influência, tanto interna como externa. Esse é o problema que se encontra na raiz da dificuldade – e a dificuldade que se encontra na raiz do problema.

Estritamente falando, é impossível dizer que o TODO tenha uma razão qualquer para agir, pois uma "razão" implica uma "causa", e o TODO está acima de toda Causa e Efeito, a não ser quando Quer tornar-se Causa, momento em que o Princípio se põe em movimento. Assim, torna-se muito clara ao leitor a constatação de que a matéria é Impenetrável, do mesmo modo como o TODO é Incognoscível. Assim como dizemos que o TODO simplesmente "é" –, também somos obrigados a dizer que "o TODO AGE PORQUE AGE". Enfim, o TODO é toda Razão em si mesma; toda Lei em si mesma; toda Ação em si mesma – e podemos dizer, sem medo de errar, que o TODO é a sua Própria Razão; a sua própria Lei; a sua própria Ação; ou que o TODO, a sua Razão, a sua Ação, a sua Lei, são UM, e que todos esses nomes designam a mesma coisa. Na opinião daqueles que lhes estão ministrando essas lições, é preciso procurar a resposta no EU INTERIOR do TODO, junto com seu Segredo da Existência.

Em nossa opinião, a Lei da Correspondência compreende somente esse aspecto do TODO, ao qual podemos nos referir como "O Aspecto do DEVIR". Por trás desse Aspecto encontra-se "O Aspecto de SER", em que todas as Leis se perdem na LEI; todos os Princípios imergem no PRINCÍPIO – e o TODO, o PRINCÍPIO, o SER, são IDÊNTICOS, UM E O MESMO. Nesse ponto, portanto, a especulação metafísica é fútil. Abordamos o assunto aqui simplesmente para mostrar que reconhecemos a pergunta, e também o absurdo das respostas costumeiras da metafísica e da teologia.

Por último, talvez interesse aos nossos estudantes aprender que, enquanto alguns dos antigos e modernos Professores Herméticos tenderam mais a aplicar o Princípio da Correspondência à questão, o que os levou à conclusão da "Natureza Interior", as lendas nos dizem que HERMES, o Grande, ao ser inquirido por seus discípulos mais avançados sobre essa questão, respondia-lhes PRESSIONANDO FORTEMENTE UM LÁBIO CONTRA O OUTRO e não dizia nenhuma palavra, indicando que NÃO HAVIA RESPOSTA. Contudo, ele talvez tenha pretendido aplicar o axioma de sua filosofia, segundo o qual "Os lábios da Sabedoria estão cerrados, a não ser para os ouvidos do Entendimento", acreditando que nem mesmo seus discípulos mais avançados não possuíam o Entendimento que os habilitava à aquisição daquele Conhecimento. Seja como for, se Hermes possuía o Segredo, ele deixou de compartilhá-lo e, no que diz respeito ao mundo, os LÁBIOS DE HERMES ESTÃO FE-CHADOS a este respeito. E, onde o Grande Hermes hesitou em fa-lar, que mortal ousaria ensinar?

Contudo, não se esqueçam de que, qualquer que seja a res-posta a essa questão – se é que tal resposta existe –, permanece a verdade de que "Enquanto Tudo está no TODO, é igualmente verdadeiro que o TODO está em Tudo". O Ensinamento é enfático neste ponto. E podemos acrescentar as palavras finais da citação: "Aquele que realmente compreender essa verdade terá alcançado um grande conhecimento".

Capítulo 8

Os Planos da Correspondência

"Assim em cima como embaixo;
assim embaixo, como em cima."

– O CAIBALION

O segundo Grande Princípio Hermético implica a verdade de que há uma harmonia, uma afinidade e correspondência entre os diferentes planos de Manifestação, Vida e Existência. Esta afirmação é uma verdade porque tudo que o Universo contém, as mesmas leis, os mesmos princípios e as mesmas características se aplicam a cada unidade, ou combinação de unidades de atividade, conforme cada uma manifesta seus fenômenos em seu próprio plano.

Para fins de conveniência de pensamento e estudo, a Filosofia Hermética considera que o Universo pode ser dividido em três grandes classes de fenômenos, conhecidos como os Três Grandes Planos, a saber:

I. o grande plano físico
II. o grande plano mental
III. o grande plano espiritual

Essas divisões são mais ou menos artificiais e arbitrárias, pois a verdade é que todas elas não são senão graus ascendentes da grande escala da Vida, cujo ponto mais baixo é a Matéria indiferenciada, e o ponto mais elevado o do Espírito. E, além disso, os diversos Planos se interpenetram, tornando impossível fazer uma distinção clara e segura entre os fenômenos superiores do Plano Físico e dos fenômenos inferiores do Plano Mental – ou entre os fenômenos superiores do Plano Mental e os fenômenos inferiores do Plano Físico.

Enfim, os Três Grandes Planos podem ser considerados como três grandes grupos de graus de Manifestação da Vida. Embora os objetivos deste pequeno livro não nos permitam entrar numa discussão pormenorizada, ou de uma explicação do tema desses diferentes planos, a essa altura parece-nos apropriado fazer uma descrição geral do mesmo.

A princípio, podemos examinar a pergunta tantas vezes feita pelo neófito que deseja ser informado sobre o significado da palavra "Plano", termo que tem sido usado com muita frequência, porém muito mal explicado, em muitas obras recentes sobre o Ocultismo. A pergunta é geralmente feita mais ou menos desta maneira: "Um plano é um lugar que tem dimensões, ou *é* simplesmente uma condição ou estado?" E a ela respondemos: "Não; não é um lugar, nem uma dimensão ordinária do espaço; ainda assim, porém, é mais que um estado ou uma condição. Pode ser considerado como um estado ou condição e, apesar disso, um estado ou condição é um grau de dimensão, em escala sujeita a mensurações". Um tanto paradoxal, não é verdade? Todavia, examinemos a questão. Uma "dimensão", como sabemos, é "uma medição em linha reta, algo que se reporta a uma mensuração etc.". As dimensões ordinárias do espaço são comprimento, largura e altura, ou talvez comprimento, largura, altura, espessura ou circunferência. Mas há outra dimensão de "coisas criadas", ou de "medida em linha reta", conhecida tanto pelos ocultistas como pelos cientistas, embora estes ainda não a tenham designado pela palavra "dimensão" – e essa nova dimensão que, a propósito, é a tão especulada "Quarta Dimensão", é a norma usada para determinar os diferentes graus ou "planos".

Esta Quarta Dimensão pode ser chamada de "a Dimensão da Vibração". Este fato é bem conhecido pela ciência moderna, bem como pelos Hermetistas, que incorporaram, em seu "Terceiro Princípio Hermético", a verdade segundo a qual "tudo se move, tudo vibra, nada está em repouso". Desde as manifestações mais elevadas até as mais baixas, tudo e todas as coisas Vibram. Não apenas vibram em diferentes coeficientes de movimento, mas também em direções diferentes e de maneiras distintas. Os graus de "frequência" das vibrações constituem os graus de medição na Escala de Vibrações – em outras palavras, os graus da Quarta Dimensão. E esses graus formam aquilo que os ocultistas chamam de "Planos". Quanto mais elevado o grau de frequência vibratória, mais elevado será o plano, e mais elevada a manifestação da Vida que ocupa esse plano. Assim, apesar de um plano não ser um "lugar", nem ainda um "estado ou condição", possui qualidades comuns a ambos. Teremos mais a dizer sobre o assunto da Escala de Vibrações em nossas próximas lições, nas quais examinaremos o Princípio Hermético da Vibração.

Contudo, não se esqueçam agora que os Três Grandes Planos não são divisões reais dos fenômenos do Universo, mas simplesmente termos arbitrários usados pelos Hermetistas para facilitar o pensamento e o estudo dos diferentes graus e formas da atividade e da vida universal. O átomo de matéria, a unidade de força, a mente do homem e a existência do arcanjo são graus de uma escala, todos fundamentalmente iguais, com a diferença circunscrita a uma mera questão de grau e frequência de vibração – todas são criações do TODO, e têm sua existência na Infinita Mente do TODO.

Os Hermetistas subdividem cada um desses Três Grandes Planos em Sete Planos Menores, e cada um é, por sua vez, também subdividido em sete subplanos; todas as divisões sendo mais ou menos arbitrárias interpenetrando-se com frequência umas nas outras, e adotadas somente para facilitar o estudo e o pensamento científicos.

O Grande Plano Físico, com seus Sete Planos Menores, é a divisão dos fenômenos do Universo que inclui tudo que diz respeito às coisas, às forças e às manifestações físicas e materiais. Inclui todas as formas do que chamamos de Matéria e todas as formas do que chamamos de Energia ou Força. Devemos saber, porém, que a Filosofia Hermética não reconhece a Matéria como uma "coisa em si", ou como categoria dotada de uma existência à parte, mesmo na Mente do TODO. Os preceitos ensinam que a Matéria não é senão uma forma de Energia – isto é, uma Energia numa baixa frequência de determinado tipo de vibrações. E, por consequência, os Hermetistas colocam a Matéria na categoria da Energia e lhe atribuem três dos Sete Planos Inferiores do Grande Plano Físico.

Esses Sete Planos Físicos Inferiores são os seguintes:

I. o plano da matéria (a)
II. o plano da matéria (b)
III. o plano da matéria (c)
IV. o plano da substância etérea (d)
V. o plano da energia (a)
VI. o plano da energia (b)
VII. o plano da energia (c)

O Plano da Matéria (A) compreende as formas da Matéria em seus estados sólido, líquido e gasoso, como geralmente encontramos nos livros de física. O Plano da Matéria (B) compreende certas formas mais elevadas e sutis de Matéria, cuja existência a ciência moderna só agora começa a reconhecer. Os fenômenos da Matéria Radiante, em suas fases energia radiante etc., pertencem à subdivisão inferior desse Plano Menor. O Plano da Matéria (C) compreende as formas da matéria mais sutil e tênue, de cuja existência os cientistas comuns não suspeitam. O Plano da Substância Etérea compreende o que a ciência chama de "Éter", uma substância de extrema tenuidade e elasticidade, que impregna todo o Espaço do Universo e age como meio para a transmissão de ondas de energia, como a luz, o calor, a eletricidade etc. Essa Substância Etérea forma uma relação conectora entre a Matéria (assim chamada) e a Energia, e participa da natureza de ambas. Os Preceitos Herméticos, contudo, ensinam que esse plano tem sete subdivisões (como as têm todos os Planos Menores), e que, na verdade, existem sete éteres, e não apenas um.

Imediatamente acima do Plano da Substância Etérea está o Plano da Energia (A), que compreende as formas comuns da Energia conhecida pela ciência, tendo como subplanos, respectivamente, o Calor, a Luz, o Magnetismo, a Eletricidade e a Atração (incluindo a Gravitação, a Coesão, a Afinidade Química etc.) e várias outras formas de energia indicadas pelas experiências científicas, mas ainda não nomeadas ou classificadas. O Plano da Energia (B) compreende sete subplanos de formas elevadas da energia ainda não descobertas pela ciência, mas que a elas se refere como "As Forças Mais Sutis da Natureza"; são chamadas a se manifestar em certas formas de fenômenos mentais graças aos quais esses fenômenos se tornam possíveis. O Plano da Energia (C) compreende sete subplanos de energia tão altamente organizada que apresenta muitas das características da "vida", não sendo, porém, reconhecida pela mente humana no plano ordinário de desenvolvimento, só estando disponível aos seres do Plano Espiritual. Essa energia é impensável para uso do homem comum, e pode ser quase considerada como "o poder divino". Os seres que a empregam são como "deuses", mesmo quando comparados com os tipos humanos mais elevados de que temos conhecimento.

O Grande Plano Mental compreende as formas de "coisas viventes" que encontramos o tempo todo em nosso cotidiano, bem como certas outras formas nem tão bem conhecidas, a não ser pelos ocultistas. A classificação dos Sete Planos Mentais Inferiores é mais ou menos satisfatória e arbitrária (a menos que acompanhada de explicações detalhadas que são alheias aos objetivos deste pequeno livro), mas podemos muito bem mencioná-las. São elas:

I.   o plano da mente mineral
II. o plano da mente elemental (a)
III. o plano da mente vegetal
IV. o plano da mente elemental (b)
V.   o plano da mente animal
VI. o plano da mente elemental (c)
VII. o plano da mente hominal

O Plano da Mente Mineral compreende os "estados ou condições" das unidades, entidades, ou grupos e combinações das mesmas, que vitalizam as formas conhecidas por nós como "minerais, substâncias químicas" etc. Essas entidades não devem ser confundidas com moléculas, átomos e corpúsculos, que são simplesmente os corpos ou as formas materiais dessas entidades, assim como o corpo de um homem é a sua forma material, e não "ele mesmo". Em certo sentido, essas entidades podem ser chamadas de "espíritos", e são seres viventes de um grau inferior de desenvolvimento, vida e mente – apenas um pouco mais que as unidades de "energia vivente" que abrangem as mais elevadas subdivisões do mais elevado Plano Físico. Em geral, o pensamento corrente não atribui a posse de mente, alma ou vida ao reino Mineral, mas todos os ocultistas admitem sua existência, e a ciência moderna evolui rapidamente e está muito perto de aceitar o ponto de vista do Hermetismo no que diz respeito a esse assunto. As moléculas, os átomos e os corpúsculos têm seus "amores e ódios", "seus gostos e aversões", suas "atrações e repulsões", "afinidades e discordâncias" etc., e muitas das mais ousadas dentre as mentes científicas modernas já expuseram sua opinião de que o desejo e a vontade, as emoções e os dos átomos só diferem em grau no que diz respeito aos dos homens. Não temos aqui tempo ou espaço para tratar dessas questões. Todos os cientistas sabem que esse é um fato,[14] e outros buscam confirmação externa em obras científicas mais recentes. Estas são as sete subdivisões usuais deste plano.

O Plano da Mente Elemental (A) compreende o estado, a condição e o grau de desenvolvimento mental e vital de uma classe de entidades desconhecidas ao homem comum, mas com as quais os ocultistas estão familiarizados. São invisíveis aos sentidos ordinários do homem, mas não obstante existem e têm sua parte do Drama do Universo. Por um lado, seu grau de inteligência está entre

---

[14] No sentido de "um dado real da experiência", não de "acontecimento" ou "fenômeno". (N. do P.)

o das entidades minerais e químicas; e, por outro, entre o das entidades do reino vegetal. Também há sete subdivisões nesse plano.

O Plano da Mente Vegetal, em suas sete subdivisões, compreende os estados ou as condições das entidades pertencentes aos reinos do Mundo Vegetal, cujos fenômenos vitais e mentais são muito bem compreendidos pelas pessoas de inteligência mediana. Muitas obras científicas novas e interessantes foram publicadas na última década sobre "A Mente e a Vida das Plantas". As plantas têm vida, mente e "alma", assim como os animais, o homem e o super-homem.

O Plano da Mente Elemental (B), nas suas sete subdivisões, compreende os estados e as condições de uma forma mais elevada das entidades "elementais" ou invisíveis, tendo a sua parte na obra geral do Universo, cuja mente e vida formam uma parte da escala entre o Plano da Mente Vegetal e o Plano da Mente Animal, com as entidades participando da natureza de ambos.

O Plano da Mente Animal, nas suas sete subdivisões, compreende os estados e as condições das entidades, seres ou almas que animam as formas de vida animal, que nos são familiares a todos. Não é preciso entrar em detalhes sobre esse reino ou plano de vida, porque o mundo animal nos é tão familiar como o nosso próprio mundo.

O Plano da Mente Elemental (C), nas suas sete subdivisões, compreende as entidades ou seres invisíveis, como são todas as formas elementais, que participam da natureza da vida animal e da vida humana em certo grau e certas combinações. As formas mais elevadas possuem inteligência semi-humana.

O Plano da Mente Humana, nas suas sete subdivisões, compreende as manifestações da vida e da mentalidade que são comuns ao Homem nos seus diferentes graus, gradações e divisões. A esse respeito, queremos salientar o fato de que o homem comum atual não ocupa mais que a quarta subdivisão do Plano da Mente Humana, e somente os mais inteligentes transpuseram os limites da Quinta Subdivisão. A raça levou milhões de anos para alcançar essa posição, e ainda levará muito tempo para que ela consiga chegar à sexta e sétima subdivisões e, inclusive, que ultrapasse seus limites. Não devemos nos esquecer, porém, de que antes de nós existiram raças que passaram por esses graus e no fim chegaram a planos mais elevados. Nossa própria raça é a quinta (com retardatários da quarta) que pôs os pés no Caminho. Contudo, há algumas almas avançadas da nossa própria raça que ultrapassaram as massas, e passaram para a sexta e a sétima subdivisões, e um pequeno número de outras que foi ainda mais além. O homem da Sexta Subdivisão será "O Super-Homem"; o da Sétima, "O Sobre-Humano".

No nosso estudo dos Sete Planos Mentais Inferiores, simplesmente fizemos alusão, em sentido geral, aos Três Planos Elementais. Nesta obra, não queremos entrar em detalhes sobre este assunto, uma vez que nosso objetivo limita-se a tratar da filosofia e dos Preceitos em geral. Mas podemos dizer algo mais ao leitor, com o fim de oferecer-lhe uma ideia um pouco mais clara das relações entre esses planos e aqueles com que ele está mais familiarizado – os Planos Elementais guardam, com os planos da Mentalidade e da Vida Mineral, Vegetal, Animal e Humana, a mesma relação existente entre as teclas pretas e brancas do piano. As teclas brancas são suficientes para produzir música, mas há certas escalas, melodias e harmonias em que as teclas pretas têm um papel a desempenhar, e em que sua presença é necessária.

Os Planos Elementais também são necessários como "elos de ligação" das condições da alma, dos estados de entidades etc., entre os vários outros planos em que certas formas de desenvolvimento são alcançadas. Este último fato oferece ao leitor que sabe "ler nas entrelinhas" uma nova luz sobre os processos da Evolução e uma nova chave da porta secreta dos "saltos de vida" entre os diferentes reinos. Os grandes reinos dos Elementais são plenamente reconhecidos pelos ocultistas, e suas citações nos textos esotéricos são abundantes. Os leitores de *Zanoni*, de Bulwer Lytton e outras obras semelhantes poderão reconhecer as entidades que habitam esses planos de vida.

Passando do Grande Plano Mental para o Grande Plano Espiritual, que poderemos dizer? Como poderemos explicar esses estados mais elevados do Ser, da Vida e da Mente, às mentes ainda incapazes de compreender e entender as subdivisões mais elevadas do Plano da Mente Hominal? A tarefa é impossível. Só podemos falar nos termos mais gerais. Como seria possível descrever a Luz a um homem que nasceu cego? O açúcar, a alguém que nunca saboreou algo doce? E a harmonia, a uma pessoa surda de nascença?

Tudo que podemos dizer é que os Sete Planos Inferiores do Grande Plano Espiritual – com cada Plano Inferior tendo suas sete subdivisões – compreende Seres que possuem Vida, Mente e Forma tão superiores às do Homem atual quanto este se encontra em relação aos vermes, aos minerais, ou mesmo a certas formas de

Energia ou Matéria. A Vida desses Seres transcende a nossa em tão alto grau que nem mesmo podemos pensar em seus detalhes; suas Mentes transcendem as nossas a tal ponto que, para elas, mal parecemos "pensar", e nossos processos mentais parecem quase análogos aos processos materiais; a Matéria de que suas formas são compostas provém dos Planos Mais Elevados da Matéria, e não somente isso, mas também se afirma que alguns são "revestidos de Energia Pura". Que se poderá dizer de tais Seres?

Nos Sete Planos Inferiores do Grande Plano Espiritual existem Seres que podemos chamar de Anjos, Arcanjos, Semideuses. Nos mais baixos dos Planos Inferiores vivem aquelas grandes almas que chamamos de Mestres e Adeptos. Acima deles vêm as Grandes Hierarquias das Hostes Angelicais, inconcebíveis ao homem; e, acima delas, estão aqueles que podemos, sem irreverência, chamar de "Os Deuses", tão elevada é a posição que ocupam na escala do Ser; seu ser, sua inteligência e seu poder são semelhantes àqueles atribuídos pelas raças humanas às suas concepções da Deidade. Esses Seres encontram-se, inclusive, muito além dos maiores voos da imaginação humana; somente a palavra "Divino" é passível de aplicação a eles. Muitos desses Seres, assim como as Hostes Angelicais, têm grande interesse pelos assuntos do Universo, nos quais desempenham um importante papel. Essas Divindades Invisíveis e Anjos Auxiliares aumentam sua influência livre e poderosamente, no processo da Evolução e do Progresso Cósmico. Sua eventual ajuda e intervenção nas questões humanas levaram ao surgimento de muitas lendas, crenças, religiões e tradições da raça, passadas e presentes. Sem um instante de descanso, elas sobrepuseram seu conhecimento e poder ao mundo – tudo, sem dúvida, sob o domínio da Lei do TODO.

Contudo, até os mais notáveis dentre esses Seres avançados existem simplesmente como criações da Mente do TODO, e são sujeitos aos Processos Cósmicos e às Leis Universais. Ainda são mortais. Se quisermos, podemos chamá-los de "deuses", mas ainda não são nada mais que os Irmãos Mais Velhos da Raça – as almas avançadas que sobrepujaram seus irmãos, e que renunciaram ao êxtase da Absorção pelo TODO, com o fim de ajudar a raça na sua jornada ascendente ao longo do Caminho. Contudo, eles pertencem ao Universo e estão sujeitos às suas condições – são mortais, e seu Plano situa-se abaixo daquele do Espírito Absoluto.

Somente os Hermetistas mais avançados são capazes de entender os Preceitos Ocultos acerca do estado de existência e os poderes manifestados nos Planos Espirituais. Os fenômenos são tão superiores aos dos Planos Mentais que, se tentássemos descrevê-los, nossa tentativa resultaria fatalmente num emaranhado de ideias. Somente aqueles cujas mentes foram muito instruídas nas linhas da Filosofia Hermética por muitos anos – sim, aqueles que trouxeram consigo, de outras encarnações, o conhecimento previamente adquirido – são suscetíveis de compreender exatamente o significado do Ensinamento relativo aos Planos Espirituais. E boa parte desses Ensinamentos Secretos é considerada pelos Hermetistas como demasiado sagrada, importante e, até mesmo, perigosa para ser divulgada ao grande público. O aluno inteligente pode reconhecer o que queremos dizer quando afirmamos que o significado de "Espírito", tal como o usam os Hermetistas, é semelhante ao de "Poder Vivente", "Força Animada",

"Essência Oculta", "Essência da Vida" etc., significado que não deve ser confundido com o termo usual e comumente empregado em relação com os termos, isto é, religioso, eclesiástico, espiritual, etéreo, sagrado" etc. Para os ocultistas, a palavra "Espírito" se emprega no sentido de "Princípio Animador", trazendo consigo a ideia de Poder, Energia Viva, Força Mística etc. E os ocultistas sabem que aquilo que conhecem como "Poder Espiritual" pode ser empregado tanto para o bem como para o mal (de acordo com o Princípio de Polaridade), um fato que foi reconhecido pela maioria das religiões em suas concepções de Satã, Belzebu, o Diabo, Lúcifer, Anjos Caídos etc. E foi assim que os conhecimentos a respeito desses Planos foram conservados no Santo dos Santos, na Câmara Secreta do Templo, em todas as Fraternidades Esotéricas e Ordens Ocultas. Contudo, podemos dizer aqui que a história reserva um destino terrível àqueles que adquiriram poderes espirituais extraordinários e não souberam usá-los bem, e a oscilação do pêndulo de Ritmo os fará recuar ao extremo mais recôndito da existência Material, a partir de onde deverão voltar sobre seus passos, elevando-se em direção ao Espírito, mas sempre com a tortura adicional de levar com eles a lembrança permanente das alturas das quais caíram graças a suas más ações. As lendas dos Anjos Caídos têm uma base em fatos reais, como sabem todos os ocultistas avançados. A luta pelo poder egoísta nos Planos Espirituais sempre tem, como consequência inevitável, o fato de a alma egoísta perder seu equilíbrio espiritual e retroceder tanto quanto se havia elevado anteriormente. Contudo, mesmo para uma alma desse tipo, existe uma oportunidade de retorno – e essas almas tomam o caminho de volta, pagando um preço extremamente alto de acordo com a Lei invariável.

Para concluir, gostaríamos de lembrar novamente que, segundo o Princípio da Correspondência, que incorpora uma conhecida verdade ("Assim em Cima como Embaixo; Assim Embaixo como em Cima"), todos os Sete Princípios Herméticos estão em plena atuação em todos os diversos planos, Físico, Mental e Espiritual. O Princípio da Substância Mental certamente se aplica a todos os planos, pois todos são mantidos na mente do TODO. O Princípio da Correspondência manifesta-se em tudo, uma vez que existe correspondência, harmonia e afinidade entre os diversos planos. O Princípio da Vibração manifesta-se em todos os planos; na verdade, as diferenças mesmas que contribuem para a criação dos "planos" procedem da vibração, como explicamos. O Princípio da Polaridade manifesta-se em cada plano, sendo os extremos dos Polos aparentemente opostos e contraditórios. O Princípio do Ritmo manifesta-se em cada Plano, e o movimento dos fenômenos tem seu fluxo e refluxo, seu ponto máximo e mínimo. O Princípio de Causa e Efeito manifesta-se em cada Plano; todo Efeito tem sua Causa e toda Causa tem seu efeito. O Princípio de Gênero manifesta-se em cada Plano, sendo a Energia Criadora sempre manifestada e operando ela pela linha dos Aspectos Masculinos e Femininos.

"Assim em Cima como Embaixo; Assim Embaixo como em Cima." Este axioma Hermético (que vem atravessando os séculos) incorpora um dos grandes Princípios dos Fenômenos Universais. Na sequência do nosso exame dos Princípios remanescentes, veremos ainda mais claramente a verdade da natureza universal deste grande Princípio da Correspondência.

Capítulo 9

A Vibração

"Nada está parado; tudo se move;
tudo vibra."
– O CAIBALION

O Terceiro Grande Princípio Hermético – o Princípio da Vibração – incorpora a verdade que o Movimento é manifestado em tudo no Universo, que nada está em estado de repouso, que tudo se move, vibra e circula. Esse Princípio Hermético foi reconhecido por muitos dos primeiros grandes filósofos gregos, que o introduziam em seus sistemas. Depois, durante séculos, foi perdido de vista pelos pensadores que não pertenciam às fileiras Herméticas. No século XIX, porém, a ciência física redescobriu a verdade e as descobertas científicas do século XX acrescentaram provas adicionais da exatidão e verdade dessa doutrina Hermética secular.

Os Preceitos Herméticos reiteram que não somente tudo está em movimento e vibração constante; mas também que as "diferenças" entre as diversas manifestações do poder universal se devem inteiramente à variação da escala e do modo das vibrações. E não apenas isso, mas também que, em si mesmo, o TODO manifesta uma constante vibração de um grau tão infinito de intensidade e movimento rápido que praticamente pode ser considerado como em estado de repouso. Os instrutores dirigem a atenção do estudante para o fato de que, ainda no plano físico, um objeto que se move rapidamente (como uma roda giratória) parece estar parado. Os Ensinamentos preconizam que, com efeito, o Espírito está num lado do Polo de Vibração, sendo o outro Polo formado por certas modalidades extremamente grosseiras da Matéria. Entre esses dois polos encontram-se milhões de milhões de graus e modos de vibração.

A Ciência Moderna provou que o que chamamos de Matéria e Energia nada mais é que um "modo de movimento vibratório", e alguns dos cientistas mais avançados estão adotando rapidamente a opinião dos ocultistas, para os quais os fenômenos da Mente são igualmente modos de vibração e movimento. Vejamos o que a ciência tem a dizer sobre a questão das vibrações na matéria e na energia.

Em primeiro lugar, a ciência ensina que toda a matéria manifesta, em algum grau, as vibrações procedentes da temperatura ou do calor. Seja um objeto quente ou frio – não sendo essas condições nada além de graus diferentes da mesma coisa –, ele manifesta certas vibrações de calor e, nesse sentido, está em movimento e vibração. Logo todas as partículas da Matéria estão em movimento circular, desde o corpúsculo até os sóis. Os planetas giram em torno dos sóis, e muitos deles giram sobre seus eixos. Os sóis movem-se ao redor de grandes pontos centrais, e acredita-se que estes se movam ao redor de outros ainda maiores, e assim por diante, *ad infinitum*. As moléculas de que as espécies particulares da Matéria são compostas se acham num estado de constante vibração e movimento, umas ao redor das outras e umas contra as outras. As moléculas são compostas de Átomos, que, da mesma maneira, encontram-se em estado de constante movimento e vibração. Os átomos são compostos de Corpúsculos, muitas vezes chamados de "elétrons", "*íons*" etc., que também estão em estado de movimento rápido, girando um ao redor do outro, e que manifestam um estado e um modo de vibração muito rápidos. Portanto, vemos que todas as formas da Matéria manifestam a Vibração, de acordo com o Princípio Hermético da Vibração.

E o mesmo acontece com as diversas formas de Energia. A Ciência ensina que a Luz, o Calor, o Magnetismo e a Eletricidade são simplesmente formas de movimento vibratório, conectadas de algum modo com o éter e, provavelmente, dele emanadas. Até o momento, a Ciência não procurou explicar a natureza dos fenômenos conhecidos como Coesão, que é o princípio da Atração Molecular, nem a Afinidade Química, que é o princípio da Atração Atômica; nem a Gravitação (o maior desses três mistérios) que é o princípio da atração pelo qual cada partícula ou massa de Matéria liga-se estreitamente a cada outra partícula ou massa. Essas três formas de Energia não são ainda compreendidas pela ciência, embora os escritores inclinem-se a crer que elas também sejam manifestações da mesma forma de energia vibratória, fato que os Hermetistas conheciam e ensinaram em tempos que já se perdem ao longe.

O Éter Universal, que é postulado pela ciência sem que sua natureza seja compreendida claramente, é considerado pelos Hermetistas como uma manifestação superior daquilo que se chama erroneamente de Matéria – isto é, Matéria num grau superior de vibração – e é chamada por eles de "A Substância Etérea". Os Hermetistas preconizam que essa Substância Etérea é de extrema tenuidade e elasticidade, e que impregna o espaço universal, servindo como meio de transmissão das ondas de energia vibratória, como o calor, a luz, a eletricidade, o magnetismo etc. Os Ensinamentos preconizam que a Substância Etérea é um elo entre as formas de energia vibratória conhecidas, por um lado, como "Matéria", e, por outro, como "Energia ou Força"; e também que, em termos de grau e modo, ela manifesta um grau de vibração inteiramente próprio.

Para mostrar os efeitos das escalas crescentes de vibração, os cientistas ofereceram o exemplo de uma roda, pião ou cilindro movendo-se rapidamente. A ilustração pressupõe uma roda, pião ou cilindro rotativo girando em baixa velocidade – para facilitar a exposição do que virá a seguir, chamaremos essa coisa que gira de "objeto". Suponhamos que o objeto se move lentamente. Pode ser visto facilmente, mas nenhum som do seu movimento nos chega ao ouvido. A velocidade é aumentada gradualmente. Em pouco tempo, seu movimento torna-se tão rápido que se pode ouvir um grunhido surdo ou uma nota grave. Então, quando se aumenta ainda mais a velocidade do movimento, pode-se distinguir a nota imediatamente superior. Assim, uma depois da outra, todas as notas da escala musical aparecem, tornando-se cada vez mais altas à medida que aumenta o movimento. Finalmente, quando a rotação tiver atingido certa velocidade, a última nota perceptível aos ouvidos humanos, a última nota, aguda e estridente, se desvanece e sobrevém o silêncio. Não se ouve nenhum som proveniente do objeto giratório, e a velocidade do movimento é tão grande que o ouvido humano se torna incapaz de registrar as vibrações. Então começa a percepção dos graus ascendentes de Calor, e depois de algum tempo o olho tem um vislumbre de que o objeto começou a adquirir uma cor avermelhada, opaca e sem brilho. À medida que a velocidade aumenta, o vermelho adquire maior brilho; depois, com velocidade ainda maior, o objeto adquire uma cor intermediária entre o vermelho e o amarelo. Em seguida, esse alaranjado torna-se amarelo. E então, sucessivamente, seguem-se os tons de verde, azul, azul-violeta e, finalmente, violeta, à medida que a velocidade se tornar ainda maior. Finalmente, o violeta se desvanece, tornando-se impossível de ser registrado pelo olho humano. Mas existem raios invisíveis que emanam do objeto giratório, os que se usam para fotografar, e outros raios sutis de luz. É quando começam a se manifestar os raios especificamente conhecidos como "raios X" etc., quando a constituição do objeto começa a se modificar. A Eletricidade e o Magnetismo são emitidos quando o grau apropriado de vibração for alcançado.

Quando o objeto atinge certo grau de vibração, suas moléculas se desintegram e se decompõem nos elementos ou átomos originais. Os átomos, por sua vez – seguindo o Princípio da Vibração –, separam-se nos incontáveis corpúsculos de que são compostos. Finalmente, até os corpúsculos desaparecem, e pode-se dizer que o objeto é composto de Substância Etérea. A Ciência não ousa levar ainda mais longe a ilustração, mas os Hermetistas ensinam que, se as vibrações fossem aumentando continuamente, o objeto remontaria aos sucessivos estados e manifestaria, por sua vez, os diversos estágios mentais. Depois, seguiria seu caminho em direção ao Espírito – até finalmente reintegrar-se ao TODO, que é o Espírito Absoluto. O "objeto", contudo, teria deixado de ser um objeto muito antes de alcançar o estágio de Substância Etérea; por outro lado, porém, a ilustração é correta na medida em que mostra que efeito seria obtido se os graus e modos de vibração fossem constantemente aumentados. Não se deve perder de vista, no exemplo acima, que nos estágios em que o "objeto" emite vibrações de luz, calor etc., ele não se decompõe nessas formas de energia (que ocupam uma posição bem mais alta na escala), mas que simplesmente alcança um grau de vibração no qual essas formas de energia são liberadas, até certo ponto, da influência confinante de suas moléculas, átomos e corpúsculos, conforme o caso que se apresenta. Apesar de muito mais elevadas, na escala, do que a matéria, essas formas de energia estão aprisionadas e circunscritas às combinações materiais em razão de as energias se manifestarem através de formas materiais, e de as usarem, ainda que isso as deixe enredadas e confinadas em suas criações de formas materiais – o que, em certa medida, é uma verdade inerente a todas as criações, uma vez que a força criadora se envolve em tudo aquilo que cria.

Contudo, os Preceitos Herméticos vão muito mais longe do que os que provêm da ciência moderna. Eles ensinam que toda manifestação do pensamento, emoção, raciocínio, vontade ou desejo, ou de qualquer condição ou estado mental, são acompanhados por vibrações, uma parte das quais é descartada e tende a afetar a mente de outras pessoas por "indução". Esse é o princípio que produz os fenômenos de "telepatia", influência mental e outras formas da ação e do poder de uma mente sobre outra mente, com as quais o grande público vem se familiarizando rapidamente graças à grande disseminação do conhecimento oculto por parte de diversas escolas, cultos e professores que, em nossa época, vêm atuando em domínios do pensamento.

Todo pensamento, toda emoção ou estado mental têm seu grau e modo de vibração. E, por um esforço da vontade da pessoa, ou de outras pessoas, esses estados mentais podem ser reproduzidos, do mesmo modo que é possível reproduzir um som musical fazendo vibrar um instrumento com certa frequência – e assim como a cor pode ser reproduzida da mesma maneira. Pelo conhecimento do Princípio da Vibração, aplicado aos Fenômenos Mentais, uma pessoa pode polarizar sua mente no grau desejado, adquirindo, assim, um perfeito domínio sobre seus estados mentais, suas disposições de ânimo etc. Do mesmo modo, pode afetar as mentes dos outros, produzindo nelas os estados mentais desejados. Em suma, pode produzir no Plano Mental o que a ciência produz no Plano Físico, isto é, "Vibrações à Vontade". Sem dúvida, esse poder só pode ser adquirido por meio de instrução, de exercícios e de uma prática apropriada à ciência da Transmutação Mental, um dos ramos da Arte Hermética.

Uma pequena reflexão sobre o que até aqui dissemos mostrará ao estudante que o Princípio da Vibração subjaz aos admiráveis fenômenos do poder manifestado pelos Mestres e Adeptos, que aparentemente são capazes de revogar as Leis da Natureza, mas que, na verdade, estão simplesmente usando uma lei contra outra, um princípio contra outros; e que obtêm seus resultados mudando as vibrações dos objetos materiais, ou formas de energia, e assim realizam os comumente chamados "milagres".

Como disse, com razão, um dos antigos escritores Hermetistas: "Aquele que compreende o Princípio da Vibração está de posse do cetro do Poder".

Capítulo 10

A Polaridade

"Tudo é duplo; tudo tem dois polos; tudo tem seu par
de opostos; o semelhante e o dessemelhante são uma
só coisa; os opostos são idênticos em natureza, mas
diferentes em grau; os extremos se tocam; todas as
verdades são meias verdades; todos os paradoxos
podem ser reconciliados."

– O CAIBALION

O Quarto Grande Princípio Hermético – o Princípio da Polaridade – contém a verdade que todas as coisas manifesta-
das têm "dois lados", "dois aspectos", "dois polos", "um par
de opostos", separados por uma multiplicidade de graus entre os

dois extremos. Os velhos paradoxos, que sempre deixaram perplexa a mente dos homens, são explicados por esse Princípio. O homem também reconheceu alguma coisa semelhante a esse Princípio e empenhou-se em explicá-lo por ditos, máximas e aforismos como os seguintes: "tudo existe e não existe ao mesmo tempo", "todas as verdades são meias verdades", "todas as verdades são meio falsas", "há dois lados para cada coisa", "todo verso tem seu reverso" etc.

Os Preceitos Herméticos afirmam, com efeito, que a diferença entre coisas que parecem ser diametralmente opostas é apenas uma questão de grau. Os Mestres ensinam que "os pares de opostos podem ser reconciliados", que "tese e antítese são idênticas em natureza, mas diferentes em graus" e que a "reconciliação universal dos opostos" é efetuada por um conhecimento desse Princípio da Polaridade. Eles dizem que os exemplos desse Princípio podem resultar de um exame da verdadeira natureza de todas as coisas. Começam por mostrar que o Espírito e a Matéria são simplesmente dois polos da mesma coisa, e que os planos intermediários nada mais são que graus de vibração. Eles mostram que o TODO e os MUITOS são a mesma coisa, a diferença sendo simplesmente uma questão de grau de Manifestação Mental. Assim, a LEI e as Leis são os dois polos opostos de uma só coisa. O mesmo se pode dizer sobre o PRINCÍPIO e os Princípios, a Mente Infinita e as mentes finitas.

Então, passando ao Plano Físico, eles demonstram o Princípio dizendo que o Calor e o Frio são de natureza idêntica, e que as diferenças nada mais são que uma questão de graus. O termômetro marca muitos graus de temperatura, chamando-se o polo mais baixo "frio", e o mais elevado "calor". Entre esses dois polos há muitos graus de "calor" ou "frio"; podemos dar-lhes qualquer desses nomes sem incorrer em nenhum erro. O grau mais elevado é sempre o "mais quente", enquanto o mais baixo é sempre o "mais frio". Não há demarcação absoluta; tudo é questão de grau. No termômetro não há lugar em que o calor cessa e começa o frio. Tudo isso é uma questão de vibrações superiores ou inferiores. Mesmo os termos "alto" e "baixo", que somos obrigados a usar, são unicamente polos da mesma coisa – os termos são relativos. O mesmo se pode dizer de "Leste/Oriente e Oeste/Ocidente" – viajai ao redor do mundo em direção Leste e chegareis ao ponto chamado Oeste em relação ao vosso ponto de partida. Viajai para o Norte e, em dado momento, parecer-vos-á estar em direção ao Sul, ou vice-versa.

A Luz e a Escuridão são polos da mesma coisa, com muitos graus entre elas. O mesmo acontece com a escala musical – começando com "Dó" e aumentando a frequência vibratória dos sons, chegareis a outro "Dó", e assim sucessivamente, a diferença entre as duas extremidades do quadro sendo a mesma, com muitos graus entre os dois extremos. A escala das cores é a mesma – as vibrações altas e baixas são a única diferença entre o ultravioleta e o infravermelho. O Grande e o Pequeno são relativos. Assim também o Ruído e o Silêncio. O Duro e o Flexível seguem a regra. E assim também o Agudo e o Grave. O Positivo e o Negativo são dois polos da mesma coisa, separados por uma infinidade de graus.

O Bem e o Mal não são absolutos – chamamos uma extremidade da escala de Bem e a outra de Mal, ou uma de Mal e a outra de Bem, conforme o uso dos termos. Uma coisa é "menos boa", de que a coisa mais elevada na escala, mas essa coisa "menos boa", por sua vez, é "mais boa (melhor)" que a coisa imediatamente inferior a ela – e assim por diante, sendo o "mais ou menos" regulado pela posição na escala.

E assim é no Plano Mental. O "Amor e o Ódio" são geralmente considerados como coisas diametralmente opostas entre si, inteiramente diferentes, irreconciliáveis. Mas aplicamos o Princípio da Polaridade e constatamos que não há nada que se possa chamar de Amor Absoluto ou Ódio Absoluto, como sentimentos distintos entre si. Ambos são simplesmente termos aplicados aos dois polos da mesma coisa. Se partirmos de um ponto da escala, encontramos "mais amor" ou "menos ódio" à medida que nos pomos a subi-la; e "mais ódio" e "menos amor", conforme descemos: o que é verdadeiro seja qual for o ponto, superior ou inferior, de onde tivermos partido. Há graus de Amor e de Ódio, e há um ponto médio em que o "Semelhante" e o "Dessemelhante" tornam-se tão insignificantes que é difícil distinguir entre eles. A Coragem e o Medo seguem a mesma regra. Os pares de opostos existem em toda parte. Onde encontrarmos uma coisa, encontraremos seu oposto: os dois polos.

E esse é o fato que permite ao Hermetista transmutar um estado mental em outro, conforme os ditames da Polarização. As coisas pertencentes a diferentes classes não podem ser transmutadas entre si, mas as de uma mesma classe podem sê-lo, isto é, sua polaridade é passível de modificação. Assim, o Amor nunca se transformará em Leste ou Oeste, tampouco em Vermelho ou Violeta –, mas pode se transformar em Ódio, e frequentemente o faz – do mesmo modo que o Ódio pode ser transformado em Amor, bastando-lhe, para tanto, mudar de polaridade. A Coragem pode tornar-se Medo, e vice-versa. As coisas Duras podem ficar Moles. As coisas Agudas podem ficar Graves. As coisas Frias podem ficar Quentes. E assim por diante, a transmutação sendo sempre entre coisas da mesma natureza, porém de graus diferentes. Tomemos o caso de um homem Medroso. Elevando suas vibrações mentais na escala Medo-Coragem, ele pode adquirir um grau superior de Coragem e Destemor. E, da mesma maneira, um homem Preguiçoso pode tornar-se um indivíduo Ativo, Enérgico, simplesmente pela polarização na direção da qualidade desejada.

O estudante que está familiarizado com os processos pelos quais as diversas escolas de Ciência Mental – e ciências afins – produzem mudanças nos estados mentais dos que seguem seus ensinamentos, poderá não compreender o princípio que subjaz a todas essas mudanças. Contudo, quando o Princípio da Polaridade for bem compreendido – e se perceber que as mudanças mentais são ocasionadas por uma mudança de polaridade, por um simples deslocamento na mesma escala –, a questão será mais facilmente entendida. A mudança não é da natureza de uma transmutação de uma coisa em outra, totalmente distinta – trata-se apenas de uma mudança de graus nas mesmas coisas, uma diferença da maior importância. Por exemplo, se fizermos uma analogia com o Plano Físico, veremos que é impossível mudar o Calor em Agudeza, Ruído, Altura etc., mas o Calor pode ser transmutado em Frio, simplesmente pela diminuição das vibrações. Da mesma forma, o Ódio e o Amor são mutuamente transmutáveis, e o mesmo se pode dizer do Medo e da Coragem. O Medo, porém, não pode ser transformado em Amor, nem a Coragem em Ódio. Os estados mentais pertencem a inúmeras classes, e cada uma tem seus polos opostos entre os quais uma transmutação é possível.

O estudante reconhecerá facilmente que, nos estados mentais, bem como nos fenômenos do Plano Físico, os dois polos podem ser respectivamente classificados como Positivo e Negativo. Assim, o Amor é Positivo para o Ódio, a Coragem para o Medo, a Atividade para a Indolência etc. E também se pode dizer, aos que não estão familiarizados com o Princípio da Vibração, o polo Positivo parece ser de um grau superior ao polo Negativo, dominando-o facilmente. A tendência da Natureza é conceder a atividade ao polo Positivo.

Além da mudança de polos dos próprios estados mentais por parte da arte da Polarização, os fenômenos da Influência Mental, em suas múltiplas fases, nos mostram que o princípio pode estender-se de modo a abranger os fenômenos da influência de uma mente sobre outra, fenômenos sobre os quais tanto se tem escrito e ensinado nos últimos anos. Quando se compreende que a Indução Mental é possível, isto é, que esses estados mentais podem ser produzidos pela "indução" de outros, então se pode ver imediatamente como um certo grau de vibração, ou polarização de determinado estado mental, pode ser comunicado a outra pessoa, e sua polaridade nesta classe de estados mentais pode ser alterada. É no contexto desse princípio que os resultados de muitos "tratamentos mentais" são obtidos. Por exemplo, uma pessoa é "taciturna", melancólica e cheia de medo. Um cientista que trabalha com saúde mental e que – contando com uma vontade muito bem treinada – consegue dar à sua mente as vibrações que desejar e, por conseguinte, obter a polarização desejada em seu próprio caso, produz um estado mental semelhante em outra pessoa, por meio da indução; o resultado é que as vibrações aumentam de intensidade, e que a pessoa se polariza em direção à extremidade Positiva da escala, e não à extremidade Negativa, e seu Medo e outras emoções negativas são transmutadas em Coragem e em outros estados mentais igualmente positivos. Um pequeno estudo vos mostrará que a grande maioria dessas mudanças mentais ocorre de conformidade com a linha de Polarização; a mudança é uma variação de grau, e não de espécie.

O conhecimento da existência desse grande Princípio Hermético habilitará o estudante a compreender melhor seus próprios estados mentais e os de outras pessoas. Ele verá que todos esses estados são questões de grau, motivo pelo qual será capaz de elevar ou abaixar suas vibrações à vontade – mudar seus polos mentais e, desse modo, tornar-se Mestre de seus estados mentais, em vez de ser seu servo e escravo. E, por meio desse conhecimento, poderá auxiliar inteligentemente seus semelhantes e mudar sua polaridade pelos métodos apropriados, sempre que essa mudança se mostrar conveniente ou desejável. Nosso conselho a todos os estudantes é que se familiarizem com esse Princípio da Polaridade, pois seu correto entendimento lançará luz sobre muitas questões de difícil solução.

Capítulo II

O Ritmo

"Tudo tem fluxo e refluxo; tudo tem suas marés;
todas as coisas sobem e descem; o movimento do
pêndulo manifesta-se em tudo; a medida de sua
oscilação para a direita é a medida da oscilação
para a esquerda; o ritmo ajusta e equilibra."

– O CAIBALION

O Quinto Grande Princípio Hermético – o Princípio do Ritmo – implica a verdade que em tudo se manifesta um movimento proporcional, um movimento de um lado para o outro; um fluxo e um refluxo; um movimento para a frente e para trás; um movimento semelhante ao do pêndulo; um movimento comparável ao das marés, que se manifesta entre os dois polos existentes nos planos físico, mental e espiritual. O Princípio do Ritmo é estreitamente ligado ao Princípio da Polaridade descrito no capítulo anterior. O Ritmo se manifesta entre os dois polos estabelecidos pelo Princípio da Polaridade. Isso não significa, porém, que o pêndulo do Ritmo oscile até os polos extremos, porque isto raramente acontece; com efeito, na maioria dos casos é muito difícil estabelecer os extremos polares opostos. Mas a oscilação ocorre primeiro em direção a um polo e, em seguida, ao outro.

Há sempre uma ação e uma reação; uma marcha e uma retirada, uma elevação e um rebaixamento, em todos os fenômenos do Universo. Os sóis, os mundos, os homens, os animais, as plantas, os minerais, as forças, a energia, a mente, a matéria, e mesmo o Espírito, manifestam esse Princípio. O Princípio se manifesta na criação e destruição dos mundos, na ascensão e queda das nações, na vida histórica de todas as coisas e, por último, nos estados mentais do Homem.

Começando com as manifestações do Espírito – do TODO –, pode-se dizer que existem a Efusão e a Infusão; a "Expiração e a Inspiração de Brahman", como dizem os Brâmanes. Os Universos são criados; atingem seu ponto mais baixo de materialidade e, em seguida, começam sua oscilação para o alto. Os sóis são formados, e então, atingido o ponto máximo de seu poder, inicia-se seu processo de regressão; depois, transformam-se em massas de matéria morta, à espera de outro impulso que fará renascer suas energias interiores e provocará o nascimento de um novo ciclo de vida solar. E o mesmo acontece com todos os mundos: nascem, desenvolvem-se e morrem, só para voltarem a nascer. O mesmo se pode dizer de todas as coisas que têm estrutura e forma; elas oscilam da ação à reação, do nascimento à morte, da atividade à inatividade – e depois voltam a refazer esse percurso. Assim é com todas as coisas viventes; nascem, crescem e morrem. Assim é com todos os grandes movimentos, as filosofias, os credos, os costumes, as modas, os governos, as nações e todas as outras coisas – nascimento, desenvolvimento, maturidade, decadência, morte. A oscilação do pêndulo está sempre em evidência.

A noite segue o dia, e o dia segue a noite. O pêndulo oscila do Outono ao Inverno, e depois refaz o mesmo caminho. Os corpúsculos, os átomos, as moléculas e todas as massas de matéria oscilam ao redor do círculo que lhes é natural. Não existe nada que se possa chamar de repouso absoluto ou cessação de movimento, e todo movimento participa do Ritmo. O princípio é de aplicação universal. Pode adaptar-se a qualquer questão ou fenômeno de qualquer dos diversos planos de vida. Pode ser aplicado a qualquer fase da atividade humana. Sempre existe a oscilação Rítmica de um polo a outro. O Pêndulo Universal está sempre em movimento. As Marés da Vida sobem e descem de acordo com a Lei.

A ciência moderna compreende bem o Princípio do Ritmo, considerado como uma lei universal quando aplicado às coisas materiais. Mas os Hermetistas levam o princípio muito além, e sabem que suas manifestações e influências se estendem às atividades mentais do Homem, e que explica a desconcertante sucessão de estados de espírito, sentimentos e outras mudanças desagradáveis e desconcertantes que observamos em nós mesmos. Mas os Hermetistas, estudando as operações desse Princípio, aprenderam a evitar, por meio da Transmutação, algumas de suas atividades.

Os Mestres Hermetistas há muito tempo descobriram que, conquanto o Princípio do Ritmo fosse invariável e estivesse sempre em evidência nos fenômenos mentais, ainda havia dois planos de sua manifestação no que diz respeito aos fenômenos mentais. Descobriram que havia dois planos gerais de Consciência, o Inferior e o Superior; o conhecimento desse fato permitiu-lhes ascender ao plano superior e, desse modo, escapar da vibração do pêndulo Rítmico que se manifestava no plano inferior. Em outras palavras, a oscilação do pêndulo ocorria no Plano Inconsciente, e a Consciência não era afetada. A isso chamavam de Lei da Neutralização. Suas operações consistem na elevação do Ego acima das vibrações do Plano Inconsciente da atividade mental, de modo que a oscilação negativa do pêndulo não se manifesta na consciência, razão pela qual não são afetados. É semelhante a elevar-se acima de uma coisa, deixando-a passar debaixo de vós. O Mestre Hermetista ou o estudante avançado polariza-se em seu polo desejado e, por um processo semelhante à "recusa" a participar da oscilação de retorno, ou, se preferir, uma "negação" de sua influência sobre ele, mantém-se firme em sua posição polarizada, permitindo que o pêndulo mental execute sua oscilação de retorno no plano inconsciente. Todas as pessoas que atingiram qualquer grau de mestria pessoal realizam isso mais ou menos inconscientemente e, ao não permitirem que seus humores e estados mentais negativos as afetem, aplicam a Lei da Neutralização. O Mestre, porém, leva essa lei a um grau ainda bem mais elevado de progresso e, pelo uso da sua

Vontade, atinge um grau de Equilíbrio e Firmeza Mental quase inacreditável para aqueles que se permitem deixar levar para trás e para diante pelo pêndulo mental dos humores e sentimentos.

A importância disso pode ser constatada por qualquer pessoa de natureza reflexiva que compreenda como a maioria dos seus semelhantes constitui um conjunto de criaturas dotadas de humores, sentimentos e emoções, e quão insignificante é o domínio que elas têm sobre si mesmas. Se quiserdes parar para fazer uma breve reflexão, vereis quantas oscilações de Ritmo afetaram vossa vida – como um período de Entusiasmo foi invariavelmente seguido por sentimentos e estados de Depressão. Do mesmo modo, vossas condições e períodos de Coragem foram seguidos por iguais sensações de Medo. E assim as coisas sempre se passaram com a maioria das pessoas – altos e baixos sucedendo-se uns aos outros sem que elas jamais suspeitassem do motivo ou da razão desses fenômenos mentais. A compreensão das operações desse Princípio dará às pessoas a chave do Domínio dessas oscilações rítmicas dos sentimentos, permitindo-lhes conhecer-se melhor e evitar ser arrastadas por esses fluxos e refluxos. A Vontade é superior à manifestação consciente desse Princípio, embora o Princípio em si nunca possa ser destruído. Podemos escapar dos seus efeitos, mas ainda assim o Princípio estará em operação. O pêndulo sempre oscila, embora possamos impedir que ele nos arraste consigo.

Há outros tipos de operação desse Princípio do Ritmo sobre os quais gostaríamos de falar agora. De suas operações faz parte aquilo que se conhece como Lei da Compensação. Uma das definições ou significados do verbo "Compensar" é "contrabalançar", que é o sentido em que os Hermetistas empregam o termo. É a essa Lei da Compensação que *O Caibalion* se refere quando diz: "A medida da oscilação para a direita é a medida da oscilação para a esquerda; o ritmo compensa".

A Lei da Compensação é a que nos diz que o movimento numa direção determina o movimento na direção oposta, ou para o polo oposto; um balança ou contrabalança o outro. No Plano Físico, vemos muitos exemplos desta Lei. O pêndulo do relógio percorre uma certa distância à direita, e depois uma distância igual à esquerda. As estações se contrabalançam umas às outras da mesma forma. As marés seguem a mesma Lei. E a mesma Lei manifesta-se em todos os fenômenos do Ritmo. O pêndulo, com uma oscilação breve numa direção, tem uma oscilação igualmente breve na outra, enquanto uma oscilação longa à direita significa, invariavelmente, a mesma coisa no que diz respeito à esquerda. Um objeto atirado para cima a uma determinada altura tem a mesma distância a percorrer em seu caminho de volta. A força com que um projétil é lançado à altura de dois quilômetros será a mesma quando ele retornar à terra. Essa Lei é constante no Plano Físico, como vos mostrará uma consulta às obras das mais qualificadas autoridades que já abordaram esse tema.

Os Hermetistas, porém, vão muito mais longe. Eles ensinam que os estados mentais de um homem estão sujeitos à mesma Lei. O homem que tem prazeres intensos está sujeito a sofrimentos desmedidos; ao passo que aquele que sente apenas um sofrimento ligeiro não é capaz de sentir nada além de um prazer inexpressivo. O porco sofre, mas seu sofrimento mental é mínimo – portanto, é compensado. E, por outro lado, há outros animais sobre os quais podemos dizer que são "profundamente felizes", mas cujo sistema nervoso e temperamento levam-nos a passar por grandes sofrimentos. E assim é com o Homem. Existem temperamentos que permitem um grau de prazer quase insignificante, e graus de sofrimento igualmente baixos; ao contrário, há outros que são capazes de prazeres intensos, mas também de grandes sofrimentos. A regra é que a capacidade de sofrimento ou prazer é contrabalançada em cada indivíduo. A Lei da Compensação está aí em constante atuação.

Contudo, os Hermetistas ainda vão mais além nesse assunto. Eles ensinam que, antes que uma pessoa possa desfrutar de um certo grau de prazer, deverá ter oscilado, proporcionalmente, até o polo oposto desse sentimento. Dizem eles, porém, que o Negativo antecede o Positivo nesse aspecto da questão, ou seja, que do fato de ter vivenciado certo grau de prazer não se segue que a pessoa deverá "pagar por isto" com um grau correspondente de sofrimento; ao contrário, o prazer é a oscilação Rítmica, segundo a Lei da Compensação, para um grau de sofrimento anteriormente vivenciado, seja na vida presente ou numa encarnação anterior. Isso lança uma nova luz sobre o Problema do Sofrimento.

Os Hermetistas consideram a cadeia de vidas como algo contínuo, como se fizesse parte de uma vida da pessoa, de modo que, em consequência, a oscilação rítmica fosse entendida dessa maneira, ainda que não tivesse nenhum significado – a não ser que se admitisse a verdade da reencarnação.

Contudo, os Hermetistas sustentam que tanto o Mestre como o estudante avançado são capazes de evitar a oscilação para o lado do Sofrimento graças ao processo de Neutralização já aqui mencionado. Quando alçados ao plano superior do Ego, muitas das experiências às quais se submetem os que habitam o plano inferior podem ser eludidas e evitadas.

A Lei da Compensação tem um papel importante na vida dos homens e das mulheres. Ver-se-á que geralmente uma pessoa "paga o preço" de tudo que possui ou que lhe falta. Se tem alguma coisa, carece de outra – a balança está em equilíbrio. Ninguém consegue "atirar pedra em casa de marimbondo" e sair de mansinho. Tudo tem seus lados agradáveis e desagradáveis. As coisas que se ganham são sempre pagas pelas coisas que se perdem. O rico tem muito do que falta ao pobre, ao mesmo tempo que o pobre também tem coisas que estão fora do alcance dos ricos. O milionário pode ser obcecado por dar grandes festas e ter a riqueza necessária para sustentar todos os luxos e delícias que põe à mesa, mas é possível que lhe falte o apetite para desfrutá-los; ele inveja o apetite e a digestão do operário, que carece da opulência e das inclinações do milionário, e que tem mais prazer com seu simples alimento do que o milionário poderia ter, caso seu apetite não estivesse enfastiado – nem sua digestão arruinada –, porque as necessidades, os hábitos e as inclinações diferem. E assim são as coisas em nossa vida. A Lei da Compensação está sempre em ação, empenhando-se em equilibrar e contrabalançar, e sempre alcançando seu objetivo com o tempo, ainda que muitas vidas possam ser necessárias para que a oscilação do Pêndulo do Ritmo efetue seu movimento de retorno.

Capítulo 12

A Causalidade

"Toda Causa tem seu Efeito; todo Efeito tem sua Causa;
todas as coisas acontecem de acordo com a Lei;
o Acaso é simplesmente um nome dado a uma Lei não
reconhecida; existem muitos planos de causalidade,
mas nada escapa à Lei."

– O CAIBALION

O Sexto Grande Princípio Hermético – o Princípio de Causa e Efeito – implica a verdade de que a Lei permeia o Universo; que nada acontece por Acaso; que Acaso é simplesmente uma palavra para indicar uma causa existente, porém não reconhecida ou percebida; que os fenômenos são contínuos, sem interrupção ou exceção.

O Princípio de Causa e Efeito subjaz a todo pensamento científico, antigo e moderno, e foi enunciado pelos Instrutores Herméticos em tempos remotos. Embora tenham surgido muitas e variadas disputas entre as diversas escolas de pensamento, essas polêmicas giravam, sobretudo, em torno dos detalhes das operações do Princípio, e, ainda mais frequentemente, tratavam do significado de determinadas palavras. O Princípio subjacente de Causa e Efeito foi considerado correto por praticamente quase todos os pensadores do mundo dignos desse nome. Pensar de outro modo seria subtrair os fenômenos do universo ao domínio da Lei e da Ordem, e relegá-los ao domínio de algo imaginário a que os homens deram o nome de "Acaso".

Um pouco de atenção mostrará a todos que, na verdade, não existe nada que se possa chamar de puro Acaso. O *Webster's Dictionary* define a palavra "Acaso" da seguinte maneira: "Um suposto agente ou modo de atividade diferente de uma força, uma lei ou um propósito; a operação ou atividade de tal agente; o suposto efeito de tal agente; um acontecimento; contingência; casualidade etc." Contudo, uma breve reflexão vos mostrará que não pode haver um agente como o "Acaso", no sentido de alguma coisa extrínseca à Lei – alguma coisa exterior à Causa e Efeito. Como poderia existir algo que estivesse em ação no universo fenomênico, ignorando por completo as leis, a ordem e a continuidade deste último? Um "algo assim" dependeria por completo da orientação ordenada do universo e seria, portanto, superior a ela. Não podemos imaginar nada fora do TODO que esteja fora da Lei, e isso simplesmente porque o TODO é a própria LEI. Não há lugar no universo para uma coisa fora e independente da Lei. A existência de tal Coisa tornaria sem efeito todas as Leis Naturais, e mergulharia o universo em anarquia e falta de leis.

Um exame cuidadoso mostrará que aquilo que chamamos de "Acaso[15]" nada mais é que um termo destinado a exprimir as causas obscuras; causas que não conseguimos perceber; causas que não conseguimos compreender. Em inglês, "Acaso" (*chance*) deriva de *fall*, que significa "cair" e, como substantivo, "queda" (como em "a 'queda' dos dados"),[16] dando a ideia de que tal queda (e as de muitos jogos de azar) é simplesmente um "acontecimento fortuito, episódico, eventual" que não tem relação com nenhuma causa. E é esse o sentido em que geralmente se emprega o termo. Todavia, quando a questão é examinada de perto, vê-se que não há nenhum acaso na

---

[15] Deriva-se do verbo latino *ad-cado* e significa em sentido próprio, caído *em* ou *a* ... (N. do T.)

[16] Falta aqui uma explicação mais detalhada. *Chance* vem do Inglês-Médio (*Middle-English, ME*), o inglês de *c*. 1150 a 1500, o qual, por sua vez, origina-se do Anglo-Francês (*Anglo-French, AF*), ou Anglo-Normando (*Anglo-Norman, AN*), que prevaleceu desde a Conquista Normanda (1066) até o fim da Idade Média. Em ambos os casos, a grafia era *ch(e)aunce*, e sua origem primeira estava no Anglo-Francês (*Anglo-French, AF*), que predominou na Inglaterra depois da Conquista Normanda. A sequência, portanto, será: *ch(e)aunce, chëance, chëoir, cadere*. O último termo, do latim, resultou no verbo "cair" em português. O que se lê no original inglês é: *The word Chance is derived from a word meaning "to fall"*, o que torna praticamente impossível ao leitor brasileiro entender por que razão *chance*, no sentido de "acaso", provém do verbo *fall* ("cair"). (N. do P.)

queda dos dados. Toda vez que, ao ser lançado, um dado mostra um número qualquer, obedece a uma lei tão infalível como a que rege a revolução dos planetas ao redor do Sol. Por trás da queda do dado há causas, ou cadeia de causas, que vão muito além do que a mente pode alcançar. A posição do dado nas mãos, a quantidade de energia muscular despendida no lançamento, a condição da mesa etc., são causas cujo efeito pode ser visto. Contudo, por trás dessas causas observáveis existem cadeias de causas invisíveis, cada uma das quais exerce uma influência sobre o número do dado que se lança para cima.

Se um dado for lançado um grande número de vezes, ver-se-á que os números mostrados serão mais ou menos iguais, isto é, haverá um número razoavelmente igual de um ponto, dois pontos etc., proveniente da posição mais alta. Lançai uma moeda ao ar, e ela poderá cair tanto como "cara" quanto como "coroa"; contudo, fazei um bom número de arremessos e o número de caras ou coroas ficará praticamente nivelado. Esta é a operação da "lei do termo médio". Contudo, tanto o lançamento mediano como o simples são regidos pela Lei de Causa e Efeito e, se conseguíssemos examinar as causas precedentes, veríamos claramente a impossibilidade de o dado cair de maneira diferente do que o fez, nas mesmas circunstâncias e ao mesmo tempo. Dadas as mesmas causas, os mesmos resultados serão obtidos. Sempre há uma "causa" e um "porquê" para todos os acontecimentos. Nada "acontece" sem uma causa ou, melhor dizendo, sem uma cadeia de causas.

Alguma confusão surgiu na mente de pessoas que consideraram esse Princípio, porque não conseguiram explicar como uma coisa podia ser a causa de outra coisa, isto é, ser a "criadora" da segunda coisa. Na verdade, nenhuma "coisa" pode "causar" ou "criar" outra "coisa". Causa e Efeito lidam apenas com "acontecimentos". Um "acontecimento" *é* "aquilo que advém, chega ou acontece como resultado ou consequência de algum acontecimento precedente". Nenhum evento "cria" outro evento, mas é simplesmente um elo precedente na grande cadeia ordenada de acontecimentos procedentes da Energia Criadora do TODO. Há uma continuidade entre todos os acontecimentos precedentes, consequentes e subsequentes. Há uma relação entre tudo o que veio antes, e tudo o que vem agora. Uma pedra é deslocada de um lugar montanhoso e quebra o teto de uma cabana lá embaixo, no vale. À primeira vista, consideramos isto como um acontecimento aleatório; porém, quando aprofundamos nosso exame da questão, encontramos uma grande cadeia de causas por trás desse acontecimento. Em primeiro lugar, houve a chuva que amoleceu a terra que sustentava a pedra e que a deixou cair; por trás disso, houve a influência do sol, de outras chuvas etc., que gradualmente desintegraram o pedaço de rocha de um pedaço maior; depois, houve as causas que levaram à formação da montanha e seu surgimento do solo graças às convulsões da natureza, e assim por diante, *ad infinitum*. Depois, poderíamos procurar as causas que produziram a chuva. Em seguida, poderíamos examinar as causas da existência do telhado. Em suma, logo nos veríamos envolvidos numa profusão de causas e efeitos, de cujas malhas intrincadas logo desejaríamos nos desenredar.

Assim como um homem tem dois pais, quatro avós, oito bisavós, dezesseis trisavós e assim por diante, até que em quarenta gerações se calcule que o número dos avós remonte a muitos milhões – o mesmo acontece com o número de causas que se oculta sob o mais trivial dos acontecimentos ou fenômenos, como a entrada de um pequeno cisco em vossos olhos. Não é fácil fazer a partícula de fuligem remontar ao período primitivo da história do mundo, quando ela fazia parte de um tronco maciço de árvore que mais tarde foi transformado em carvão, até que finalmente passou diante de vossos olhos em seu caminho rumo a outras aventuras. E uma poderosa cadeia de acontecimentos, causas e efeitos trouxe-o à sua condição atual, e o último desses acontecimentos é apenas uma cadeia de eventos que produzirão ainda outros nos próximos séculos. Uma das séries de acontecimentos decorrentes da minúscula partícula de fuligem foi a escrita destas linhas, que fez com que o tipógrafo e o revisor executassem determinado trabalho, e que produzirá certos pensamentos em vossa mente, o que, por sua vez, influenciará outras mentes, e assim por diante, para além da capacidade de o homem pensar mais longe – e tudo isso a partir da passagem de um minúsculo grão de fuligem! Tudo isso que dissemos mostra a relatividade e associação das coisas, e o fato mais profundo de que "não há coisas grandes nem pequenas na mente que tudo cria".

Detenhamo-nos aqui para refletir por um instante. Se certo homem não tivesse encontrado certa mulher, no obscuro período da Idade da Pedra, o leitor, que agora se debruça sobre estas linhas, não estaria aqui neste momento. E, talvez, se o mesmo casal não tivesse se encontrado, nós, que escrevemos estas linhas, tampouco estaríamos aqui. E o ato mesmo de escrever, de nossa parte, e o ato de ler, da parte do leitor, poderá não só afetar nossas vidas respectivas, mas também poderá exercer uma influência direta ou indireta sobre muitas outras pessoas que agora vivem e que viverão nos tempos vindouros. Toda ideia que nos ocorre, todo ato que praticamos, tem seus resultados diretos ou indiretos que têm seu lugar na grande cadeia de Causa e Efeito.

Por várias razões, nesta obra não queremos entrar em considerações sobre o Livre-Arbítrio, ou o Determinismo. Entre essas diversas razões, a principal é que nenhum lado da controvérsia é totalmente exato – com efeito, ambos os lados são parcialmente verdadeiros, de acordo com os Preceitos Herméticos. O Princípio da Polaridade mostra que ambos são Meias Verdades: os polos opostos da Verdade. Os Preceitos ensinam que o homem pode ser Livre e, ao mesmo tempo, limitado pela Necessidade, dependendo do significado dos termos e da elevação da Verdade a partir da qual a questão é examinada. Os escritores antigos a expressam da seguinte maneira: "Quanto mais distante a criação estiver do Centro, mais limitada estará; quanto mais dele se aproximar, mais Livre será".

A maioria das pessoas é mais ou menos escrava da hereditariedade, do meio ambiente etc., e manifesta muito pouca Liberdade. São guiadas pelas opiniões, costumes e ideias do mundo exterior, e também por suas emoções, sensações e condições etc. Não manifestam nenhum Domínio digno desse nome. Repudiam essa afirmação com desprezo, dizendo: "Ora, claro que sou livre para agir e proceder como bem me apraz – só faço o que quero fazer". Mas não conseguem explicar direito de onde provêm o "quero" e o "como bem me apraz". O que as faz "querer" fazer uma coisa de preferência a outra; por que lhes "apraz" fazer isto e não aquilo? Não há um "porquê" associado a seu "prazer" e "querer"? O Mestre pode transformar esses "prazeres" e "quereres" em outros, na extremidade oposta do polo mental. Ele é capaz de "Querer por querer", em vez de querer porque algum sentimento, estado de espírito, emoção ou sugestão ambiental provoca nele uma tendência ou um desejo de fazer alguma coisa de um jeito, e não de outro.

A maioria das pessoas é arrastada como a pedra que cai, submissa ao meio ambiente, às influências exteriores e às condições e desejos internos, para não falar dos desejos e das vontades de outros mais fortes que elas, da hereditariedade, do ambiente e da sugestão, empurrando-as sem nenhuma resistência, nenhum exercício da Vontade de sua parte. Movidas, como os peões no tabuleiro de xadrez da vida, elas desempenham seus papéis e são postas de lado assim que a partida termina. Os Mestres, porém, conhecendo as regras do jogo, elevam-se acima do plano da vida material e, colocando-se em contato com as forças superiores de sua natureza, dominam seus humores, temperamento, qualidades e polaridade, assim como o meio em que vivem, e deste modo tornam-se Motores em vez de Peões – Causas em vez de Efeitos. Os Mestres não escapam da Causalidade dos planos superiores, mas se ajustam às leis superiores, e assim dominam as circunstâncias no plano inferior. Eles formam uma parte consciente da Lei, sem serem meros instrumentos aleatórios. Enquanto Servem nos Planos Superiores, eles Regem no Plano Material.

Porém, tanto nos planos superiores como nos inferiores, a Lei está sempre em ação. O Acaso não existe. A deusa cega foi abolida pela Razão. Agora podemos ver, com olhos esclarecidos pelo conhecimento, que tudo é regido pela Lei Universal – que o número infinito de leis nada mais é que uma manifestação da Única Grande Lei – a LEI que é O TODO. É uma verdade inconteste que nem mesmo um pardal deixa de ser percebido pela Mente do TODO, assim como todos os nossos fios de cabelo são contados, como disseram as Escrituras. Nada há fora da Lei; nada do que acontece é contrário a ela. Contudo, não cometais o erro de supor que o Homem é simplesmente um cego autômato. Longe disso. Os Preceitos Herméticos ensinam que o Homem pode usar a Lei para superar as leis, e que a vontade superior sempre prevalecerá contra a vontade inferior, até que por fim chegará à etapa em que buscará refúgio na própria LEI, e zombará das leis fenomênicas. Será o leitor capaz de apreender o significado intrínseco de tudo isso?

Capítulo 13

O Gênero

"O Gênero está em tudo; tudo tem
os seus princípios Masculino e Feminino;
o Gênero se manifesta em todos os planos."
– O CAIBALION

O Sétimo Grande Princípio Hermético – o Princípio de Gênero – contém a verdade de que há Gênero manifestado em tudo – que os Princípios Masculino e Feminino estão sempre presentes e ativos em todas as fases dos fenômenos e em todos os planos da vida. Neste ponto, julgamos conveniente chamar vossa atenção para o fato de que o Gênero, em seu sentido Hermético, e o Sexo, no uso corrente do termo, não são a mesma coisa.

A palavra "Gênero" deriva da raiz latina que significa "gerar", "criar", "produzir". Uma breve consideração irá mostrar que a palavra tem um significado muito mais amplo e geral que o termo "Sexo", este último referindo-se às distinções físicas entre os seres viventes, machos e fêmeas. O sexo é simplesmente uma manifestação do Gênero em determinado plano do Grande Plano Físico – o plano da vida orgânica. Queremos inscrever essa distinção em vossas mente porque certos escritores, que adquiriram um conhecimento superficial da Filosofia Hermética, procuraram identificar esse Sétimo Princípio Hermético com as disparatadas, fantásticas e muitas vezes condenáveis teorias e ensinamentos a respeito do Sexo.

O ofício do Gênero consiste unicamente em criar, produzir, gerar etc., e suas manifestações são visíveis em todos os planos dos fenômenos. É um tanto difícil dar provas disto em moldes científicos, pela razão de que a ciência ainda não reconheceu a aplicação universal desse Princípio. Ainda assim, porém, várias provas têm surgido de fontes científicas. Em primeiro lugar, encontramos uma distinta manifestação do Princípio de Gênero entre os corpúsculos, íons ou elétrons, que constituem a base da Matéria como a ciência a conhece atualmente e que, ao idealizarem certas combinações, formam o Átomo, que até bem pouco tempo era considerado como definitivo e indivisível.

A última palavra da ciência é que o átomo é composto de uma infinidade de corpúsculos, elétrons ou *íons* (os diversos nomes são aplicados por diferentes autoridades), que giram uns ao redor dos outros e vibram num elevado grau de intensidade. Contudo, faz-se a afirmação concomitante de que a formação do átomo deve-se realmente ao aglomerado de corpúsculos negativos ao redor de um positivo – os corpúsculos positivos parecem exercer certa influência sobre os corpúsculos negativos, levando estes últimos a formar certas combinações e, assim, a "criar" ou "gerar" um átomo. Isto está em consonância com os mais antigos Preceitos Herméticos que sempre identificaram o princípio masculino de Gênero com o polo "Positivo", e o Feminino com o polo "Negativo" da Eletricidade (assim chamada).

Agora, uma palavra sobre esse ponto relativo a essa identificação. A mente do público formou uma impressão totalmente equivocada sobre as qualidades do chamado polo "Negativo" da matéria eletrificada ou magnetizada. Os termos Positivo e Negativo são muito erroneamente aplicados a este fenômeno pela ciência. O termo Positivo significa algo real e forte, quando se a compara com uma irrealidade ou fragilidade Negativa. Nada está mais longe dos fatos reais dos fenômenos elétricos. O chamado polo Negativo da bateria é realmente o polo no qual e pelo qual se manifesta a geração ou produção de novas formas de energia. Nada há nada de "negativo" que lhe diga respeito. Em vez de "Negativo", as maiores autoridades científicas atuais usam "Cátodo".[17] Do polo Catódico procede a imensidade de elétrons ou corpúsculos; do mesmo polo emergem esses maravilhosos "raios" que revolucionaram as

---

[17] Os dicionários *Aurélio* e *Melhoramentos* trazem *cátodo*, e não *catodo*, como forma preferencial; diz o *Houaiss* que *catodo* é a forma geral, não preferencial e mais usada. O termo provém do grego *káthodos* ("descida", formado por *katá-* ["para baixo"] e *odós* ["caminho"]. (N. do P.)

concepções científicas nos últimos dez anos. O polo Catódico é a Mãe de todos os estranhos fenômenos que tornaram inúteis os velhos livros-texto, e que fizeram muitas teorias aceitas ser proscritas ao amontoado de inutilidades dos programas de especulação científica. O Cátodo, ou Polo Negativo, é o Princípio Materno dos Fenômenos Elétricos e das formas mais sutis da matéria até hoje conhecidas pela ciência. Pode ver, assim, que estamos certos quando nos recusamos a usar o termo "Negativo" em nossas considerações sobre o assunto, e ao insistirmos na substituição do termo antigo pela palavra "Feminino". Os fatos em causa nos levam a isso, sem levar os Preceitos Herméticos em consideração. Portanto, usaremos a palavra "Feminino" em lugar de "Negativo" sempre que nos referirmos a esse polo de atividade.

Os últimos preceitos científicos nos dizem que os corpúsculos criadores ou elétrons são Femininos (a ciência diz que "eles são compostos de eletricidade negativa" – nós dizemos que são compostos de energia Feminina). Um corpúsculo Feminino se desprende de um corpúsculo Masculino ou, mais precisamente, abandona-o e toma uma nova direção, dando início a uma nova carreira. Busca ativamente uma união com um corpúsculo Masculino, sendo instado a isso pelo impulso natural de criar novas formas de Matéria ou Energia. Um autor chega mesmo a afirmar que, "por sua própria vontade, ele busca imediatamente uma união" etc. Esse desprendimento e essa união formam a base da maior parte das atividades do mundo químico. Quando o corpúsculo Feminino se une com um corpúsculo Masculino, tem início um certo processo. As partículas Femininas vibram rapidamente sob a influência da

Energia masculina, e giram rapidamente ao redor desta. O resultado é o nascimento de um novo átomo. Esse novo átomo é realmente composto da união dos elétrons ou corpúsculos Masculinos e Femininos, mas, quando a união se realiza, o átomo torna-se uma coisa separada que tem certas propriedades, mas deixa de manifestar a propriedade da eletricidade livre. O processo de desprendimento ou separação dos elétrons Femininos é chamado "ionização". Esses elétrons ou corpúsculos são os mais ativos "trabalhadores" no campo da Natureza. Provenientes de suas uniões ou combinações, manifestam-se os diversos fenômenos de luz, calor, eletricidade, magnetismo, atração, repulsão, afinidade química e seu contrário, e todos os outros fenômenos de natureza semelhante. E tudo isso provém da operação do Princípio de Gênero no plano da Energia.

O papel do princípio Masculino parece ser o de dirigir uma certa energia inerente para o princípio Feminino e, assim, pôr em atividade os processos criativos. O princípio Feminino, porém, é sempre o único que realiza o trabalho ativo criador – e isso é assim em todos os planos. E, no entanto, cada princípio é incapaz de criar sem a energia do outro. Em algumas formas de vida, os dois princípios estão combinados em um só organismo. Por essa razão, tudo no mundo orgânico manifesta os dois gêneros – o Masculino está sempre presente na forma Feminina, e o Feminino na forma Masculina. Os Preceitos Herméticos contêm muita coisa a respeito da ação dos dois princípios de Gênero na produção e manifestação de diferentes formas de energia etc., mas não nos parece apropriado entrar em detalhes a esse respeito, porque somos incapazes de confirmar essas verdades com provas científicas, pela razão de que a ciência ainda não fez progressos suficientes nesse campo. Contudo, o exemplo que demos dos fenômenos dos elétrons ou corpúsculos mostrará ao leitor que a ciência está no caminho certo, e também poderia lhe dar uma ideia geral dos princípios subjacentes.

Alguns dos mais renomados pesquisadores científicos anunciaram sua opinião de que, na formação dos cristais, seria necessário encontrar alguma coisa correspondente à "atividade sexual", outro indício revelador da direção em que estão soprando os ventos da ciência. E cada ano traz outros fatos para corroborar a exatidão do Princípio Hermético de Gênero. Logo se perceberá que o Gênero está em ação e manifestação constante no campo da matéria inorgânica e no campo da Energia ou da Força. Hoje, a eletricidade é geralmente considerada como "Alguma coisa" em que todas as outras formas de energia parecem fundir-se e dissolver-se. A "Teoria Elétrica do Universo" é a doutrina científica mais avançada, e vem crescendo rapidamente em popularidade e aceitação geral. E assim segue-se que, se pudermos descobrir nos fenômenos da eletricidade – inclusive na fonte de suas manifestações – uma clara e inequívoca evidência da presença do Gênero e suas atividades, estaremos no caminho certo ao levar o leitor a crer que a ciência finalmente apresentou provas da existência, em todos os fenômenos universais, desse grande Princípio Hermético – o Princípio de Gênero.

Não é necessário ocupar nosso tempo com os fenômenos bem conhecidos da "atração e repulsão" dos átomos, a afinidade química, os "amores e ódios" das partículas atômicas, a atração e coesão entre as moléculas de matéria. Esses fatos são demasiado conhecidos para necessitar que façamos comentários mais profundos sobre eles. Porém, o leitor já pensou alguma vez que todas essas coisas são manifestações do Princípio de Gênero? Não terá percebido que os fenômenos estão "em plena sintonia" com os dos corpúsculos ou elétrons? E, mais que isto, terá deixado de notar a racionalidade dos Preceitos Herméticos, que afirmam que a própria Lei da Gravitação – essa estranha atração devido à qual todas as partículas e corpos de matéria no universo tendem uns aos outros – é também outra manifestação do Princípio de Gênero, que opera no sentido de atrair a energia Masculina para a Feminina, e vice-versa? Por ora, não temos provas científicas a oferecer sobre o assunto, mas examinemos os fenômenos à luz dos Preceitos Herméticos sobre ele – pois esse exame talvez nos faça encontrar uma melhor hipótese operacional do que as oferecidas pela ciência física. Submetamos todos os fenômenos físicos à prova, e encontraremos o Princípio de Gênero sempre em evidência.

Passemos agora a um estudo da operação do Princípio no Plano Mental. Muitos fatos interessantes estão à espera de um exame desses.

Capítulo 14

O GêneroMental

Os estudantes de psicologia que seguiram a tendência moderna do pensamento sobre os fenômenos mentais ficaram surpreendidos pela persistência da mente dual que se tem manifestado tão fortemente nos dez ou quinze últimos anos e que tem dado origem a diversas teorias plausíveis acerca da natureza e constituição dessas "duas mentes". O falecido Thompson J. Hudson adquiriu grande popularidade em 1893, quando propôs sua bem conhecida teoria das "mentes objetiva e subjetiva", que ele afirmou existir em cada indivíduo. Outros escritores atraíram praticamente a mesma atenção com as teorias sobre as "mentes consciente e subconsciente", "mentes voluntária e involuntária", "mentes ativa e passiva" etc. etc. As teorias dos diversos escritores diferem entre si, mas permanece o princípio subjacente da "dualidade da mente".

O estudante de Filosofia Hermética se vê forçado a rir quando lê e ouve qualquer coisa sobre todas essas "novas teorias" acerca da dualidade da mente, cada escola aderindo incisivamente à sua própria teoria favorita e reivindicando ter "descoberto a verdade". O estudante se reporta às páginas da história oculta e, nas origens longínquas dos preceitos ocultos, encontra referências à antiga doutrina Hermética do Princípio de Gênero no Plano Mental – a manifestação do Gênero Mental. E, aprofundando seu exame, ele conclui que a antiga filosofia tinha conhecimento do fenômeno da "mente dual", e dele deu conta pela teoria do Gênero Mental. Essa ideia de Gênero Mental pode ser explicada em poucas palavras aos estudantes que estão familiarizados com as modernas teorias há pouco aludidas. O Princípio Masculino da Mente corresponde à chamada Mente Objetiva, Mente Consciente, Mente Voluntária, Mente Ativa etc. E o Princípio Feminino da Mente corresponde à chamada Mente Subjetiva, Mente Subconsciente, Mente Involuntária, Mente Passiva etc. Sem dúvida, os Preceitos Herméticos não concordam com as diversas teorias modernas sobre a natureza das duas fases da mente, nem admitem muitos fatos atribuídos a seus dois aspectos respectivos –, porque muitas teorias e afirmações são bastante improváveis e incapazes de resistir ao teste da experiência e da demonstração. Assinalamos as fases de concordância simplesmente com o objetivo de ajudar o estudante a assimilar seus conhecimentos já adquiridos com os Preceitos da Filosofia Hermética. Os estudantes de Hudson encontrarão, no princípio do seu segundo capítulo sobre "A Lei dos Fenômenos Psíquicos", a proposição de que "O jargão místico da Filosofia Hermética expõe a mesma ideia geral" – isto é, a dualidade da mente.

Se o dr. Hudson tivesse empenhado mais tempo e energia para decifrar um pouco do "jargão místico da Filosofia Hermética", é possível que tivesse recebido muita luz sobre o tema da "mente dual" – mas então, talvez, sua obra mais interessante poderia não ter sido escrita. Vejamos agora o que os Preceitos Herméticos nos têm a dizer sobre o Gênero Mental.

Para instruir seus discípulos sobre esse tema, os Mestres Herméticos fazem-nos examinar a conexão entre sua consciência e seu Ego.[18] Eles aprendem a dirigir sua atenção para a morada do Eu,

---

[18] No *Caibalion*, particularmente neste capítulo, há muitas referências a *I, Me, Ego* e *Self*. São palavras de difícil tradução, tendo em vista que, neste livro, não poucas vezes uma delas "invade" o campo semântico de outra. Um maior esclarecimento demandaria um espaço muito maior, sem contar que o preparador de textos não tem formação nessa área. Tal esclarecimento, portanto, continuaria a ser irrisório. Ficam aqui, então, algumas informações muito básicas sobre esses termos. *I* e *Me*: Os termos referem-se à psicologia do indivíduo, na qual o "mim" é o aspecto socializado da pessoa, e o "eu" é seu aspecto ativo. O "eu" possibilita a adaptação à realidade. Aqui, foram traduzidos como "eu" e "mim". *Ego*: Para a teoria freudiana, a parte da estrutura da personalidade que lida com a realidade externa e controla as energias do *id* (ainda segundo Freud, o *id* é a parte primitiva da personalidade inconsciente, caracterizada por reações emocionais extremas e demandas por gratificações imediatas). Literalmente, Ego significa "eu", e seu emprego mais geral remete ao senso de identidade, ou *self*. Em pesquisa empírica, o *self* é hoje entendido sobretudo como imagem de si mesmo, isto é, com a percepção que um sujeito tem de si mesmo. Aqui, quando traduzido, não houve unicidade de tradução. *Self*: O ser total, essencial ou particular de uma pessoa ou um indivíduo; o ego; aquilo que sabe, que se lembra, deseja, sofre etc., em contraste com o que é conhecido, lembrado etc. O *self* pode ser definido como o princípio unificador, que subjaz a toda experiência subjetiva. Nos dicionários de inglês, a palavra *self* tem

situada no interior de cada ser. Cada estudante é levado a ver que sua consciência lhe faz, primeiro, uma apresentação da existência de seu Ser – o que se manifesta na afirmação "Eu sou". A princípio, isso parece ser a última palavra da consciência, mas um exame um pouco mais profundo descobre que esse "Eu sou" pode ser separado ou dividido em duas partes distintas, dois aspectos, os quais, apesar de agirem em uníssono e em conjunção, podem ser separados na consciência.

Ainda que à primeira vista só pareça existir um "Eu", um exame mais cuidadoso e profundo mostra que existe um "Eu" e um "Mim". Esses gêmeos mentais diferem em suas características e sua natureza, e um exame desta e dos fenômenos que dela procedem poderá lançar luz sobre muitos dos problemas da influência mental.

Permita-nos o leitor considerar inicialmente o "Mim", que em geral será confundido com o "Eu" pelo estudante enquanto ele não levar sua pesquisa às profundezas de sua consciência. Um homem pensa em seu Eu (em seu aspecto de "Mim") como algo formado por certos sentimentos, preferências, aversões, hábitos, ligações peculiares, características etc., que contribuem para a formação de sua personalidade, ou o "Eu" conhecido a si próprio e aos demais.

Ele sabe que esses sentimentos e emoções mudam, nascem e morrem e estão sujeitos aos Princípios do Ritmo e da Polaridade, que

---

três valores possíveis como classe de palavra: substantivo, forma pronominal e prefixo. Como substantivo, que é a que nos interessa aqui, tem um valor equivalente a "identidade", "natureza" ou "forma de ser". O comentário acima, sobre a tradução (ou não) de Ego, aplica-se igualmente aqui. (N. do P.)

o levam de um sentimento extremo a outro. Ele também pensa que o "Eu" nada mais é que certo conhecimento reunido em sua mente e que, desse modo, é parte dele mesmo. Tal é o "Eu" de um homem.

Porém, estamos expondo nossas ideias com muita pressa. Podemos dizer que o "Mim" de muitos homens consiste de sua consciência corporal, eles praticamente "habitam esses domínios". Muitos homens chegam ao ponto de considerar seu vestuário como parte do seu "Mim" e, na verdade, parecem considerá-lo como uma extensão de si mesmos. Um autor dotado de viés humorístico afirmou que os "homens se compõem de três partes – alma, corpo e indumentária".

Essas "pessoas demasiado apegadas à indumentária" perderiam sua personalidade se fossem desnudadas por selvagens depois de um naufrágio. Porém, mesmo aqueles que não são tão fortemente apegados à ideia do vestuário pessoal afirmam, sem relutar, que a consciência de seu corpo é seu "Mim". Não concebem um "mim" independente do corpo. Sua mente lhes parece ser praticamente "algo que pertence a" seu corpo – o que é verdadeiro em muitos casos.

Porém, à medida que o homem sobe na escala da consciência, ele consegue desenredar seu "Mim" de sua ideia do corpo, sobre o qual é capaz de pensar como "pertencente à" sua parte mental. Contudo, mesmo nesse momento ele estará muito apto a identificar totalmente o "Mim" com os estados mentais, as emoções etc., que ele sente existir dentro de si. É capaz de considerar esses estados internos como idênticos a ele mesmo, em vez deles serem simplesmente "coisas" produzidas por uma parte de sua mentalidade e existindo dentro dele – sendo suas, estando nele, mas não sendo ainda "ele mesmo". Compreende que pode mudar esses estados de estados interiores de sentimentos por um esforço da vontade, e que pode, do mesmo modo, produzir sentimentos ou estados de uma natureza totalmente contrária, e, contudo, dar-se-á conta de que o que existe é o mesmo "Mim". E assim, passado algum tempo, ele será capaz de deixar de lado esses vários estados mentais, as emoções, os hábitos, as qualidades, as características e outras coisas mentais que lhe pertencem – é capaz de deixá-las de lado em sua coleção de curiosidades, embaraços e estorvos bem como de pertences de valor. Isto requer muita concentração mental e poderes de análise mental da parte do estudante. Porém, mesmo assim a tarefa é possível para os estudantes avançados, e mesmo os que não atingiram esse nível podem ver, em imaginação, como o processo pode ser realizado.

Depois que o processo de deixar de lado foi executado, o estudante terá o domínio consciente de um "Ser" que pode ser considerado em seus dois aspectos de "Eu" e de "Mim": O "Mim" será percebido como uma coisa mental em que pensamentos, ideias, emoções, sensações e outros estados mentais são produzidos. Pode ser considerado como o "núcleo mental", como o chamavam os antigos – capaz de gerar rebentos mentais. Manifesta-se à consciência como um "Mim" dotado de poderes latentes de criação e geração de progênies mentais das mais diversas naturezas. Sente-se que suas forças de Energia Criadora são enormes; contudo, parece ser consciente de que deve receber alguma forma de energia, quer de seu "Eu" acompanhante, quer de algum outro "Eu", antes de conseguir trazer à existência suas criações mentais. Essa consciência traz consigo a consciência de uma enorme capacidade para a operação mental e habilidade criativa.

O estudante, porém, não demora a descobrir que isso não é tudo o que ele encontra em sua consciência interior. Percebe que existe ali um Algo mental que é capaz de Querer que o "Mim" atue em consonância em certas linhas criativas, e que também é capaz de colocar-se à parte e testemunhar a criação mental. Ensinam-lhe a chamar essa parte de si próprio como seu "Eu". Ele não encontra aí a consciência de uma capacidade de gerar e criar ativamente, no sentido do processo gradual comum às operações mentais, mas o sentido e a consciência da capacidade de projetar uma energia que vai do "Eu" para o "Mim" – um processo de "querer" que a criação mental comece e continue. Ele também percebe que o "Eu" é capaz de colocar-se à parte e testemunhar a criação e a geração mental do "Mim". Esse aspecto duplo existe na mente de cada pessoa. O "Eu" representa o Princípio Masculino do Gênero Mental – o "Mim" representa o Princípio Feminino. O "Eu" representa o Aspecto de Ser; o "Mim", o Aspecto de Vir a Ser.

Devemos saber que o Princípio da Correspondência opera neste plano do mesmo modo que o faz no grande plano em que é feita a criação dos Universos. Ambos são semelhantes, porém muito diferentes em grau. "Assim em Cima como Embaixo, Assim Embaixo como em Cima".

Esses aspectos da mente – os Princípios Masculino e Feminino – o "Eu" e o "Mim" –, considerados em relação com os famosos fenômenos mentais e psíquicos, dão a chave mestra que nos permite adentrar essas regiões desconhecidas e extremamente obscuras de operação e manifestação mental. O Princípio de Gênero Mental manifesta a verdade subjacente ao vasto campo dos fenômenos de influência mental etc.

A tendência do Princípio Feminino consiste sempre em receber impressões, ao passo que a tendência do Princípio Masculino consiste sempre em dá-las ou exprimi-las. O Princípio Feminino tem um campo de operação muito mais variado que o Princípio Masculino. O Princípio Feminino conduz o trabalho da geração de novos pensamentos, conceitos, ideias, inclusive as obras da imaginação. O Princípio Masculino contenta-se com o trabalho da "Vontade", em suas diversas fases. E assim, sem o auxílio ativo da vontade do Princípio Masculino, o Princípio Feminino pode contentar-se com a geração de imagens mentais que são o resultado de impressões recebidas de fora, em vez de produzir criações mentais originais.

As pessoas que conseguem prestar atenção ininterrupta a um determinado assunto, empregam ativamente os dois Princípios Mentais – o Feminino, para o trabalho ativo de geração mental, e a Vontade Masculina para estimular e energizar a porção criativa da mente. A maioria das pessoas realmente emprega o Princípio Masculino com parcimônia, e dão-se por satisfeitas em viver de acordo com os pensamentos e as ideias instiladas em seu "Mim" a partir do "Eu" de outras mentes. Não nos move aqui, porém, a intenção de insistir nessa fase do tema, que pode ser estudada em qualquer bom manual de psicologia, com a chave que demos ao leitor no que diz respeito ao Gênero Mental.

O estudante dos Fenômenos Psíquicos está ciente dos admiráveis fenômenos classificados sob o título de Telepatia, Transmissão de Pensamento, Influência Mental, Sugestão, Hipnotismo etc. Muitos buscaram uma explicação dessas várias fases de fenômenos nas teorias dos diversos mestres que preconizam a "mente dual". Em certa medida estão certos, porque há claramente uma manifestação de duas fases distintas da atividade mental. Porém, se esses estudantes considerarem essas mentes duplas à luz dos Preceitos Herméticos a respeito das Vibrações e do Gênero Mental, entenderão que têm em mãos a chave que com tanto esforço haviam buscado.

Nos fenômenos de Telepatia vê-se como a Energia Vibratória do Princípio Masculino é projetada para o Princípio Feminino de outra pessoa, e como esta toma o pensamento embrionário e o desenvolve até a maturidade. A Sugestão e o Hipnotismo operam da mesma maneira. O Princípio Masculino da pessoa que dá as sugestões dirige um fluxo de Energia Vibratória ou uma Força de Vontade para o Princípio Feminino da outra pessoa; e esta, ao aceitá-la, recebe-a em si mesma e age e pensa de conformidade com ela. Uma ideia assim alojada na mente de uma pessoa cresce e se desenvolve e, com o tempo, é vista como a melhor produção mental do indivíduo, embora seja, na verdade, como o ovo do cuco colocado no ninho do pardal, onde destrói a verdadeira progênie e se põe no ninho. O método normal é fazer com que, na mente de uma pessoa, os Princípios Masculino e Feminino se coordenem e atuem em estreita ligação uma com a outra. Infelizmente, porém, na pessoa comum o Princípio Masculino é demasiado lento para agir – a demonstração de boa vontade é muito incipiente –, e a consequência é que essas pessoas são controladas quase que totalmente pela mente e pela vontade de outras pessoas, às quais elas permitem pensar e querer em seu lugar. Em que medida os pensamentos ou as ações originais nascem da mente de uma pessoa comum? Em sua maioria, as pessoas comuns não são meras sombras ou ecos de outras, que têm vontades ou mentes mais fortes que as delas? Isto acontece porque a pessoa comum vive quase totalmente em sua consciência do "Mim", sem se dar conta de que possui algo como um "Eu". Está polarizada no seu Princípio Feminino da Mente, e permite-se que o Princípio Masculino, em que se aloja a Vontade, permaneça inativo e sem uso.

Os homens e as mulheres fortes do mundo manifestam invariavelmente o Princípio Masculino da Vontade, e a sua força depende materialmente desse fato. Em vez de viver das impressões dadas às suas mentes pelos outros, dominam sua própria mente por sua Vontade, obtendo a espécie desejada de imagens mentais, e além disso dominam do mesmo modo a mente dos outros. Observem como as pessoas fortes implantam seus pensamentos embrionários na mente das massas, levando-as, assim, a pensar de acordo com seus desejos e vontades. É por isso que as massas são formadas por pessoas de índole tão passiva, incapazes de ter ideias próprias ou de usar sua própria capacidade de atividade mental.

A manifestação do Gênero Mental pode ser observada ao nosso redor todos os dias da vida. As pessoas magnéticas são as que podem empregar o Princípio Masculino com o fim de incutir suas ideias nos outros. O ator que faz o público chorar ou rir a seu bel-prazer, está usando esse princípio. E sucessivamente o mesmo acontece com outras pessoas bem-sucedidas: o orador, o estadista, o pregador, o escritor ou qualquer pessoa que conte com a admiração do público. A influência particular exercida por algumas pessoas sobre outras se deve à manifestação do Gênero Mental, nos moldes da linha Vibratória acima indicada. Neste princípio encontra-se o segredo do magnetismo pessoal, da influência pessoal, da fascinação etc., assim como os fenômenos geralmente agrupados sob o nome de Hipnotismo.

O estudante que se familiarizou com os fenômenos geralmente chamados de "psíquicos" terá descoberto o importante papel desempenhado nos ditos fenômenos por essa força que a ciência chamou de "Sugestão", com que se quer dar a entender o processo ou método pelo qual uma ideia é transferida à mente de outro, ou sobre ela "impressionada", levando a segunda mente a atuar em consonância com ela. Um perfeito entendimento da Sugestão é necessário para se compreender, com inteligência, os variados fenômenos psíquicos que estão na base da Sugestão. Contudo, ainda mais necessário é um conhecimento da Vibração e do Gênero Mental para o estudante da Sugestão. Porque o Princípio da Sugestão como um todo depende do princípio de Gênero Mental e da Vibração.

Os escritores e mestres da Sugestão têm o hábito de explicar que a mente "objetiva ou voluntária" é o que cria a impressão mental, ou a sugestão, na mente "subjetiva ou involuntária". Porém, não descrevem o processo nem nos oferecem, na natureza, qualquer analogia que nos ajude a entender melhor a ideia. Contudo, se o leitor quiser refletir sobre a questão à luz dos Preceitos Herméticos, não lhe será difícil constatar que o fortalecimento do Princípio

Feminino pela Energia Vibratória do Princípio Masculino está em concordância com as leis universais da natureza, e que o mundo natural oferece incontáveis analogias por meio das quais o princípio pode ser compreendido. Com efeito, os Preceitos Herméticos mostram que a própria criação do Universo segue a mesma lei, e que em todas as manifestações criativas, nos planos espiritual, mental e psíquico, está sempre em operação o princípio de Gênero – essa manifestação dos Princípios Masculino e Feminino. "Assim em cima como embaixo, assim embaixo como em cima." E, mais ainda, quando se assimila e compreende o princípio de Gênero Mental, os diferentes fenômenos da psicologia tornam-se imediatamente suscetíveis de classificação e estudo inteligentes, em vez de permanecerem obscuros. O princípio se "concretiza" na prática, uma vez que tem por base as leis universais e imutáveis da vida.

Não faremos uma descrição ou discussão pormenorizada e exaustiva dos diferentes fenômenos da influência mental ou da atividade psíquica. Há um grande número de livros, muitos dos quais muito bons, que foram escritos e publicados sobre esse assunto nos últimos anos. Os principais fatos apresentados nesses livros são corretos, apesar do fato de cada autor ter tentado explicar os fenômenos por diferentes teorias de sua própria lavra. O estudante pode familiarizar-se com essas questões e, usando a teoria do Gênero Mental, conseguirá pôr ordem nesse caos de teorias e ensinamentos conflitantes; além do mais, se estiver propenso a fazê-lo, poderá facilmente tornar-se mestre no assunto. O objetivo do presente trabalho não é fazer um relato abrangente dos fenômenos psíquicos, mas dar ao estudante uma chave mestra por meio da qual ele possa abrir as inúmeras portas que levam às partes do Templo do Conhecimento que ele talvez queira explorar. Esperamos que, nesse exame dos ensinamentos de *O Caibalion*, os interessados possam encontrar uma explicação que os ajude a esclarecer muitas dificuldades aparentemente impenetráveis – uma chave que lhes abrirá muitas portas.

Qual a utilidade de aprofundar a busca de detalhes sobre todas as várias características dos fenômenos psíquicos e da ciência mental, se não for para colocarmos ao alcance do estudante as ideias pelas quais ele pode receber um alto grau de instrução a respeito de cada aspecto do assunto de seu interesse? Com o auxílio de *O Caibalion*, ele pode refazer o percurso que o levará novamente a qualquer biblioteca oculta, com a velha Luz do Egito iluminando muitas páginas sombrias e assuntos obscuros. Esse é o objetivo deste livro. Não viemos expor nenhuma nova filosofia, mas, antes, apresentar as linhas gerais de um grandioso ensinamento do mundo antigo, destinadas a tornar mais claros os ensinamentos de outros sistemas filosóficos – elas servirão como um Grande Reconciliador de diferentes teorias e doutrinas opostas.

Capítulo 15

Axiomas Herméticos

"Quando não acompanhada por uma manifestação e uma expressão em ação, a posse do Conhecimento em nada difere do acúmulo de metais preciosos – uma coisa inútil e tola. O Conhecimento, como a Riqueza, a posse do Conhecimento sem ser acompanhada de uma manifestação ou expressão em Ação é como o acúmulo de metais preciosos, uma coisa vã e tola. Como a riqueza, o Conhecimento é destinado ao Uso. A Lei do Uso é Universal, e aquele que a viola sofre em razão de seu conflito com as forças naturais."
— O CAIBALION

Os Preceitos Herméticos, conquanto sempre tenham sido bem guardados na mente dos seus afortunados possuidores, por razões que já expusemos aqui, nunca foram destinados a ser simplesmente acumulados e ocultados. A Lei do Uso está contida nos Preceitos, se pode ver na referência ao *Caibalion* da citação na página anterior, que a estabelece categoricamente. O Conhecimento sem o Uso e a Expressão é uma coisa vã, que não traz nenhum bem a seu possuidor ou à raça. Guarde-se o leitor contra a Avareza Mental e expresse em Ação aquilo que tiver aprendido. Estude os Axiomas e Aforismos, mas não deixe de praticá-los.

Apresentamos a seguir alguns dos mais importantes Axiomas Herméticos extraídos do *Caibalion*, com alguns comentários explicativos acrescentados a cada um. O leitor deve fazer o mesmo, praticando-os e usando-os, porque eles nunca lhe pertencerão, de fato, enquanto não tiverem sido Usados.

> "Para mudar a vossa disposição de espírito ou vosso estado mental, mudai vossa vibração."
> – O CAIBALION

Todos podem mudar suas vibrações mentais por um esforço da Vontade na direção determinada, fixando deliberadamente a Atenção num estado mais desejável. A Vontade dirige a Atenção, e esta muda a Vibração. Cultivem a Arte da Atenção por meio da Vontade e, desse modo, encontrarão o segredo do Domínio dos Humores e dos Estados Mentais.

"Para destruir um índice desagradável de vibração
mental, colocai em operação o Princípio da
Polaridade e concentrai-vos no polo oposto ao que
desejais suprimir. Destruí o desagradável
mudando sua polaridade."

– O CAIBALION

Esta é uma das Fórmulas Herméticas mais importantes. Baseia-se em verdadeiros princípios científicos. Mostramos-lhes que um estado mental e o seu oposto nada mais são que os dois polos de uma só coisa, e que a polaridade pode ser invertida pela Transmutação Mental. Esse princípio é conhecido pelos psicólogos modernos, que o aplicam para a eliminação de hábitos desagradáveis, pedindo a seus discípulos que se concentrem na qualidade oposta. Se forem acometidos pelo medo, não percam tempo tentando "destruir" esse medo, mas cultivem a qualidade da Coragem e verão que o Medo desaparecerá. Muitos escritores exprimiram essa ideia de modo muito incisivo, usando o exemplo do quarto escuro. Uma pessoa não precisa "matar" a Escuridão, basta abrir as janelas e deixar a Luz entrar, fazendo com que a Escuridão desapareça. Para destruir uma qualidade Negativa, ela deve concentrar-se no Polo Positivo dessa mesma qualidade, e as vibrações passarão gradualmente do Negativo ao Positivo até que, finalmente, tal pessoa ficará polarizada no polo Positivo, e não no Negativo. O contrário também é verdade, como muitos tiveram a má sorte de descobrir quando se permitiram vibrar com demasiada constância no polo

Negativo das coisas. Pela mudança de polaridade, podemos dominar nossos defeitos, mudar nossos estados mentais, refazer nossas disposições de espírito e levar à edificação de um caráter. Grande parte do Domínio Mental dos Hermetistas avançados deve-se a essa aplicação de Polaridade, que é um dos aspectos mais importantes da Transmutação Mental. Tenham em mente o Axioma Hermético (já aqui citado), que diz:

> "A Mente (assim como os metais e os elementos)
> pode ser transmutada de estado em estado; de grau
> em grau; de condição em condição; de polo em polo;
> de vibração em vibração."
> – O CAIBALION

O domínio da Polarização é o domínio dos princípios fundamentais da Transmutação Mental ou da Alquimia Mental, porque, a não ser que adquira a arte de mudar sua própria polaridade, ninguém poderá vivem em seu entorno. A compreensão perfeita desse princípio tornará a pessoa apta a mudar sua própria Polaridade, bem como a dos outros, caso se disponha a dedicar parte do seu tempo ao estudo e à prática necessários para possuir tal arte. O princípio é verdadeiro, mas os resultados obtidos dependem da paciência e da prática persistente do estudante.

> "O Ritmo pode ser neutralizado pela aplicação da
> Arte da Polarização."
> – O CAIBALION

Como explicamos em capítulos anteriores, os Hermetistas ensinam que o Princípio de Ritmo se manifesta tanto no Plano Mental como no Plano Físico, e que a extraordinária sucessão de humores, sensações, emoções e outros estados mentais, deve-se à oscilação para trás e para a frente do pêndulo mental que nos leva de um extremo de sensação a outro. Os Hermetistas também ensinam que a Lei da Neutralização habilita a pessoa a superar, em grande parte, a ação de Ritmo na consciência. Como explicamos, há um Plano Superior de Consciência, do mesmo modo que um Plano Inferior intermediário, e o Mestre, ao elevar-se gradualmente ao Plano Superior, obriga a oscilação do pêndulo mental a se manifestar no Plano Inferior; durante esse tempo, ele, que alcançou o Plano Superior, fica livre da consciência da oscilação de retorno do pêndulo. Isto acontece mediante a polarização no Ser Superior, elevando-se, assim, as vibrações mentais do Ego acima daquelas do plano ordinário de consciência. Isso é semelhante a elevar-se acima de uma coisa, deixando-a passar por baixo de vós. O Hermetista avançado polariza-se no Polo Positivo do seu Ser: o polo do "Eu sou", e não do polo da personalidade, e, pela "recusa" e "negação" da ação de Ritmo, eleva-se sobre seu próprio plano de consciência; e, permanecendo firme em sua Manifestação do Ser, permite que o pêndulo oscile para trás, no Plano Inferior, sua Polaridade. Isso pode ser realizado por todas as pessoas que atingiram qualquer grau de autodomínio, quer compreendam a lei, quer não. Tais pessoas simplesmente se "recusam" a deixar-se mover pelo pêndulo dos humores ou emoções, e, afirmando categoricamente sua superioridade, permanecem polarizadas no polo Positivo. O Mestre, sem dúvida, obtém um grau de eficiência muito maior, pois entende a lei que está dominando por uma lei muito superior e, pelo emprego de sua Vontade, alcança um grau de Equilíbrio e Tenacidade Mental quase impossível de crer pelos que se deixam oscilar para a frente e para trás pelo pêndulo mental dos humores e emoções.

Contudo, não se esqueça de que, na verdade, você não destruirá o Princípio do Ritmo, pois ele é indestrutível. Você pode simplesmente sobrepujar uma lei contrabalançando-a com outra e, desse modo, assim manter-se em equilíbrio. As leis de equilíbrio e contrapeso estão em ação tanto nos planos mentais como nos físicos, e a compreensão dessas leis habilita o homem aparentemente a destruir as leis quando, na verdade, ele nada mais faz além de contrabalançá-las.

> "Nada escapa ao Princípio de Causa e Efeito, mas
> existem muitos Planos da Causalidade, e é possível
> usar as leis do plano superior para sobrepujar
> aquelas do plano inferior."
> – O CAIBALION

Graças à compreensão das práticas de Polarização, os Hermetistas elevam-se a um plano superior da Causalidade e, assim, contrabalançam as leis dos planos inferiores da Causalidade. Elevando-se sobre o plano das Causas ordinárias, tornam-se, eles mesmos – até certo ponto –, "Causas", em vez de meras "coisas Causadas". Por serem capazes de dominar seus próprios humores e sentimentos, e por conseguirem neutralizar o Ritmo, como já explicamos, eles podem escapar de grande parte das operações de Causa e Efeito do plano ordinário. As massas populares deixam-se conduzir, obedientes a seus guias, às vontades e desejos das pessoas mais fortes que elas, aos efeitos das tendências hereditárias, às sugestões dos que as rodeiam, e a outras causas exteriores, que tendem a movê-las no tabuleiro de xadrez da vida como simples peões. Elevando-se sobre essas causas passíveis de influenciá-los, os Hermetistas avançados alcançam um plano elevado de ação mental e, dominando seus humores, seus impulsos e sentimentos, criam para si próprios novos caracteres, qualidades e poderes que lhes permitem, desse modo, dominar seu entorno habitual e se transformar em, assim, praticamente jogadores em vez de simples peões. Essas pessoas ajudam a jogar o jogo da vida de maneira consciente, sem que nada as mova nem as leve para lá e para cá por meio de influências, poderes e vontades superiores. Usam o Princípio de Causa e Efeito, em vez de serem por ele usadas, seguindo em frente com mais força e vontade. Sem dúvida, até os maiores Mestres estão sujeitos ao Princípio, tal como se manifesta nos planos superiores; nos planos inferiores de atividade, porém, são Mestres, em vez de Escravos. Como diz *O Caibalion*:

> "Os Sábios servem no plano superior, mas governam
> no inferior. Obedecem às leis que vêm de cima, mas,
> no seu próprio plano e nos que lhes são inferiores,
> governam e dão ordens. E, assim fazendo, formam
> uma parte do Princípio, sem se oporem a ele. O sábio
> concorda com a Lei e, compreendendo seu
> movimento, ele o executa, em vez de ser seu escravo

cego. Do mesmo modo que o hábil nadador faz seu
caminho neste e naquele sentido, conforme a sua
vontade, sem ser como o pedaço de madeira que,
sem condições de escolher, é levado ao sabor das
ondas – assim é o sábio em comparação com o
homem comum – e, contudo, tanto o nadador e a
madeira como o sábio e o ignorante estão sujeitos à
Lei. Aquele que compreende isso está, sem dúvida
nenhuma, no caminho que leva à Mestria."
– O CAIBALION

Em conclusão, permiti-nos chamar vossa atenção para o Axioma Hermético:

"A verdadeira Transmutação Hermética
é uma Arte Mental."
– O CAIBALION

No axioma acima, os Hermetistas ensinam que a grande obra de influenciar o próprio entorno é realizada pelo Poder Mental. Sendo o Universo totalmente mental, é evidente que só pode ser regido pela Mentalidade. E nessa verdade contém a explicação de todos os fenômenos e a manifestação de todos os diversos poderes mentais que vêm atraindo tanta atenção e têm sido tão estudados nesses primeiros anos do século XX. Por baixo e por trás dos ensinamentos dos diversos cultos e escolas permanece, sempre constante, o princípio da Substância Mental do Universo. Se o

Universo é Mental em sua natureza substancial, segue-se que a Transmutação Mental pode mudar as condições e os fenômenos do Universo. Se o Universo é Mental, segue-se que a Mente será o poder mais elevado que influencia seus fenômenos. Se essa verdade for bem compreendida, então se conhecerá a verdadeira natureza de tudo aquilo que se costuma chamar de "milagres" e "prodígios".

"O TODO É MENTE; o Universo é Mental."

– O CAIBALION

FINIS

9 786587 236988